戰國大名經濟學

戦国大名の経済学

川戸貴史 著
鄭天恩 譯

目錄

出處
〈朝倉孝景十七條〉
《毛利家文件》
〈朝倉孝景十七條〉
〈賀茂別雷神社文件〉
《毛利家文件》
《毛利家文件》
《中世法制資料集》第五卷
川戶貴史《中近世日本的貨幣流通秩序》
藤木久志《新版　雜兵們的戰場》
〈勝山記〉
櫻井英治《交換、權力、文化》
《兼見卿記》
《中世法制資料集》第五卷
《中世法制資料集》第五卷
《教王護國寺文件》
《中世法制資料集》第五卷、《兼見卿記》
《中世法制資料集》第五卷

參考：價格換算表

分類	品名	當時價格（貫文）	現值（日圓）
武器	太刀（美術品）	10	60 萬
	太刀（實用品）	0.5	3 萬
	槍	1	6 萬
	弓懸	0.2	1.2 萬
	甲胄（兵卒）	4.6	27.6 萬
	馬	3	18 萬
	鐵炮	8.5	51 萬
糧食	米（一石）	0.5 ～ 0.7	3 萬～ 4.2 萬
人	人質（上杉氏的事例）	0.02 ～ 0.03	0.12 萬～ 0.18 萬
	人質（武田氏的事例）	2 ～ 10	12 萬～ 60 萬
	薪資（勞動者每天的報酬）	0.1	0.6 萬
	薪資（木匠每天的報酬）	2	12 萬
通行稅	鐵（一匹馬的運載量）	0.02	1.2 萬
	米（一匹馬的運載量）	0.01	0.6 萬
	木材（一匹馬的運載量）	0.1	6 萬
其他	金（一兩）	1.5 ～ 2	9 萬～ 12 萬
	銀（一匁）	0.2	1.2 萬

＊價格完全按照標準價，不考慮品質、物價變動與地域差

序章

戰國時代的經濟與戰國大名的經營

一、戰國時代的揭幕與經濟

應仁之亂為何會爆發？

十五世紀下半葉的大亂「應仁之亂」為何會爆發？包括將軍後繼者的爭鬥、室町幕府中樞的繼承人之爭等，一般都是從當時的政治情勢，特別是權力者的考量出發來尋求原因。這種做法當然沒有錯，但其詳細來龍去脈已經有很多書籍詳述，所以本書想從不同的視角來進行思考，那就是這場大亂和當時的經濟狀況之間有著怎樣的關聯？

當時日本的經濟活動幾乎都是第一級產業（農林水產業），且極度偏向以稻作為中心的農業生產。不只如此，作為日常食用的糧食也完全沒有輸入的痕跡，幾乎是徹底自給自足。

換句話說，當時的日本經濟是受到農業生產效率與收益強烈左右的社會；特別是氣候對這個社會有決定性的影響。既然如此，我們就可以想見長期的氣候變遷對應仁之亂這場大亂的發生，必會產生某種影響。隨著近年來自然科學對氣候變遷的分析不斷進步，當時的氣候也變得日益明朗。按照這種分析，十五世紀的日本其實可以推定正處於嚴峻的寒冷期。喜歡溫暖氣候的稻子在嚴酷的環境下，收成絕對不會好到哪裡去。

再者，即使從短期來看，十五世紀也是個異常氣象頻繁的時代。日本列島各地不只常看到冷害，乾旱也是常見之事。反過來說，因大雨等導致的洪水也經常發生，病蟲害的損失也日益嚴峻。結果許多地域飢荒不斷發生。我們可以這樣想：當時的人口雖有些許增加，但這種增加卻反過來遭到了抑制。

身處在過度嚴苛環境中的人們開始不拘於血緣，而是從地緣上尋求互助，慢慢地聚居起來形成自治的共同體；簡單說，這也是一個建構起「互助」日常生活的時代。再換個說法，就是透過設法活命的民眾智慧，讓人口規模獲得某種程度的維持。日本整體的財富累積陷於停滯、甚至是下滑傾向，很有可能因此激化了伴隨政治權力的奪取的權利競爭（搶椅子遊戲）。應仁之亂或許也可以說是這種狀況的歸結吧！

「自立化」的大趨勢

邁入十五世紀中葉後，由百姓參加、對領主階層展開的武裝起義頻頻發生。他們的要求大多是實施所謂「德政」，也就是免除貸款或欠繳的年貢、歸還抵押的田地等。由於日復一日、毫無長進的所得水準，令他們陷入「債務陷阱」當中，結果連自己僅能賴以餬口的生產都變得相當困難。這些百姓既然是仰賴代代相傳的田地維生，那麼毫無疑問，過去靠這種方式一定足以餬口；但是在這個時代，這樣的做法變得行不通了。

相對之下，當時的權力階級說起來其實也相當的無力。嘉吉元年（一四四一年）爆發播磨、備前、美作守護赤松滿祐暗殺將軍足利義教的事件（嘉吉之亂、嘉吉之變），被評論為「紊亂秩序、下剋上的極致」同時，也嚴重動搖了幕府的基礎。幕府的財政中，守護等每年的定額出資（守護出錢）占了很大的比重；但當背離幕府的守護開始出現後，幕府的收入也變得極端不穩定。

守護出錢並不是作為正式稅收、加以義務化的事物，而是守護為了確保自己在幕府內的地位，以此為手段每年支付的金錢。故此，幕府權力的衰弱，連帶讓守護付款的意願也跟著低落，許多守護拒絕支付這筆經費。結果，透過對守護「善意的強制」建構起來脆弱的幕府財政，在這種情況下遭到摧毀。

另一方面，在京都周邊，以「更換下一任將軍」為口號、要求德政的武裝起義（一揆）也不斷爆發。他們如潮水般湧向京都，對做為債權人的「土倉」等金融業者展開襲擊。結果，土倉也因為難以重建營運而遭到幾近毀滅的打擊。

土倉大多是與比叡山延曆寺（滋賀縣大津市）關係深厚的自營業者，他們的沒落對幕府財政也是致命一擊。當時幕府的財源除了上述的守護出錢以外，也相當倚賴這些土倉的營業稅（土倉役）。對土倉的打擊加上幕府發出的德政，引發金融不安（借貸不順、利息上升），結果公家和寺院間的資金調度遂陷入困局，甚至也有人走到破產的地步。

就這樣，仰賴京都經濟的幕府財政急遽惡化。但是高居幕政之首的足利義政並沒有重建財政的意願，只是放任財政紀律的散漫持續下去。負責替他收拾殘局的是妻子日野富子，這也是眾所周知的事。義政不負責任的態度也成了招致混亂的要因。

十五世紀下半葉的幕府既然呈現出這一副面貌，要正視困境，在經濟面上執行支援民眾的政策根本不可能。他們能做的頂多就只是為遭逢大饑荒、流入京都的難民稍微施點粥，根本就是杯水車薪。寬正二年（一四六一年）的嚴峻大饑荒（寬正大饑饉），受到周邊難民湧入的影響，光是京都就留下「數萬人餓死」的紀錄。當時京都的人口不過十萬人左右，餓死者的數量多少有點誇張，但據說鴨川上漂浮著為數眾多的餓死者，河原也悽慘地堆滿了遺體。在這種情況下，民眾對幕府的絕望感不難想像。若從經濟面來看，農業生產的不順，加上原本就脆弱的幕府財政陷入危險境地，都可以看成是和應仁之亂爆發密切相關的要素。

結果，嘉吉之變以後，大多數的守護或是脫離了幕府的駕馭，或是無法期待其保護，不管願不願意，在政治和財政上都呈現出一副明顯自立的傾向。故此，我們可以說，應仁之亂是呈現出守護確立自身經濟的自立、以自己意志決定參戰這一現象的象徵性戰爭。

從「海域亞洲」的架構來看

本書就從這裡開始。自立的守護，也就是戰國大名，建構起來的財政基礎是怎樣一回事呢？面對在這之後一百五十年的潮流中，變化的日本經濟情勢，他們又採用了怎樣的應對手段呢？另一方面，默默無名的當時人們，又是如何在這個時代中生存下去的呢？對於所謂的「戰國時代」，日本列島上發生的種種經濟現象，我想一方面引進迄今為止的研究成果，一方面針對幾個主題來進行敘述。

在這方面值得留意的，是經濟活動輕易跨越國境這一理所當然的事實。戰國時代確實是過度嚴酷的時代，但在此同時，也是日本史上國境管理最鬆散的時代之一，其結果就是日本列島內外的往來變得日益活潑，這是任誰都知道的事吧！以葡萄牙商人以及沙勿略的來航為契機，基督教的傳播等和西歐接觸相當盛行；關於這個堪稱重要分水嶺的時代，教科書一定會記上一筆。

只是，對於上述動向，本書更想注意的是，日本對於包含亞洲這個框架在內的地域的認知狀態。在當時的交易中，西歐勢力固然重要，但與一海之隔的東亞及東南亞交流也相當活躍。近年來，不把海洋當成「隔絕的障礙」，而是「聯繫的媒介」，從這樣的視角出發，積極重新省視人與物透過海洋的交流，這樣的研究相當盛行。從這種視角來看，透過海洋聯繫的東亞、東南亞地域可以稱為「海域亞洲」；本書也將依循這種見解，在「海域亞洲」的地域架構下，試著探究戰國時代日本的經濟動向。

上述的論調或許會給人一種搭近年膾炙人口的「全球化」潮流便車，隨隨便便的感覺，但情況並非如此。事實上，若說戰國時代的日本是前近代中與世界經濟關係最密切的時代，一點也不為過。

二、戰國大名的自立與經營

領國經營

說到底，戰國大名究竟是怎樣的存在呢？

用最簡單的方式來說，戰國大名就是對某個特定地域進行壟斷性支配的武家權力（軍事政權）。他們的支配地域稱為「領國」。也有研究者把朝廷和幕府權力伸張不到的領國，視為小規模的獨立國家。從這點來看，以戰國大名為頂點形成的領國，也可以稱為「地域國家」。就像在後面大內氏的例子中可以看到的，以領國為對象、發布獨自的法令，也是站在「地域國家」頂點的戰國大名重要權限之一。也有像今川氏、伊達氏和武田氏這樣，編纂法典加以發布的案例，這種法律我們稱之為「分國法」。

本書是以思考戰國大名的經營為主題。關於「經營是什麼」，這又是深遠的主題，但這裡會簡單地將戰國大名的權力體當成一個組織來掌握，並對這個組織如何獲得必要的收入，面對必要的支出又是如何應付，從史料所闡明的範圍來加以解說。

可是，要具體闡明各大名的收支其實也不是件容易的事。之所以如此，是因將關於收支的帳簿流傳到後世的大名權力，按我個人的淺見是幾近於零；這其實是件很不可思議的事。從中世[1]整體來看，稱為「權門」的大寺社，每年都會把收支紀錄編纂成帳簿，這些帳簿流傳到現在的案例也屢見不鮮。但另一方面，包含幕府在內的武家權力，卻幾乎不曾看到類似的帳簿。雖然不能因為沒有留下來就貿然斷言

1 日本「中世」相當於西方的「中古」（Middle Ages），時間約始於十一世紀末，終止於十六世紀室町幕府滅亡、織豐政權崛起。

沒有編纂，但我們還是可以說，武家權力總體而言，對用帳簿進行收支管理並不那麼積極。

關於這方面，我們與其說武士不擅理財、揮金如土，不如從武家權力的組織型態來尋求理由更為妥當。武家權力的收入來源歷經中世的漫長時代，變得極端複雜化，絕非大名一人足以統轄一切的一元管理架構。簡單來說，大名會對侍奉他的家臣賦予稱為「知行」的土地支配權（實際上就是領地），並將經營委託給各個家臣；之所以會採取這種普遍實施的體系，就是出於這個重大的理由。

由於當時的產業已乎都是農業，所以賦予的知行基本上也是以田畝的面積來決定。另一方面，家臣在靠著經營知行尋求自食其力的同時，也被大名要求要盡到對戰爭的負擔（軍役）責任。因為軍役有必要公平課徵，所以在將知行數值化、明確化家臣負擔的同時，也有必要明示大名權力組織內（家中）的序列。在這方面，作為知行基礎的田畝調查就成了大名的重要業務；這樣的調查稱為「檢地」，後面我會對其樣貌做出具體的說明。此外，大名與其家族也持有作為自身收入來源的直轄地；這樣的直轄地大多稱為「藏入地」，其經營一般也是委託給家臣。收入來源的大半當然也是來自田畝提供的年貢。

但是，為了更有餘裕的經營，就不能只仰賴農業生產。因此，獲取更上一層的收入來源，對戰國大名的生存競爭相當重要。也正因此，他們有必要將領國的經濟予以活性化，而為了經濟活性化，充分的金錢（貨幣）流通是不可或缺的。關於這點，本書將會以比較細緻的方式來談論，並聚焦於大名對貨幣的政策。

從經濟來看戰國時代

靠這種方式獲得的收入，按當時的時代趨勢而言，大多耗費在戰爭上。當時士兵的動員是以主從關係為基礎，仰賴家臣的報效（也就是一種志願提供；但主君也必須按活躍程度給予相應的恩賞）。如果有需要補強兵力的時候，也會屢屢雇用許多傭兵（足輕、雜兵）。當然不用說的是，兵糧乃是必要之物，設置陣地用的竹子、木材等物資的調度也相當重要；此外，城郭等防禦設施的整飭也是迫切之事。

此外，以十六世紀普及的鐵炮為中心，火器、彈藥等因為只能經由特殊管道入手，所以調度這些兵器必須由大名權力自己來負責。於是在大名的經營中，為了調度這些品項和設備，對資金籌措與調度路徑的確保就占了很大的比重。本書會列舉幾個典型的大名事例，來進行具體的介紹。

戰國大名在領國內採取的經濟政策，究竟是怎樣一回事？這個問題在戰國大名與經濟的關係上也是相當重要。戰國大名這種權力，並不單只是舞弄私有的軍事勢力，還必須積極解決領國內的紛爭，以支配地域內唯一的「公權力」身分君臨其上。我們也可以常常看見這類權力，對村中用水問題的爭執、或是遺產繼承爭端等地域社會所發生的形形色色問題，透過審判等方式加以仲裁的情況。除此之外，像是道路修築與堤防修復等公共事業相關的事務，也是大名事業的主體，有很多留存的史料都呈現了這一點。

以上的引言就到這裡，接下來就讓我們試著從經濟視角來看戰國時代的日本。只是在進入本題之前，我們必須定義一下，當時使用的貨幣價值和現在該如何進行比較？

當時因為米是主要的生產物，所以一般的印象都是以米價來進行比較（只是米的生產性在現代完全相異，所以完全只是給定一個標準來考量）。大部分計算的標準是，中世的米一石（等於一百八十公升、重約一百五十公斤左右），等於當時貨幣的錢一貫文（一千文）。按照這種換算方法，米一公升的價錢大約是六到七文。

現在米的價格當然會依照品牌而有所不同，但一公斤大約是五百日圓左右或者更低一些！如果錢六到七文約等於現在的五百日圓或是低一點的價值，那麼預留一點空間，我們應該可以把一文錢視為現在的六十到七十日圓。因為現在的米價相當便宜，所以錢的實際價值就現實來說，或許可以再估得更高一點（很多計算都把一文錢估計為一百日圓左右）。本書則是以一文錢約等於六十到七十日圓，來繼續接下來的討論。

第一章

戰爭的收支

當要談論戰國時代之際，絕對無法不談戰爭。戰國大名毫無疑問，是為了進行戰爭，以軍事勢力之姿支配地域的存在。

在本章，首先我會聚焦於從事戰爭的經費，從這點具體觀看戰國大名的經濟狀態。只是，我未必會全都列舉著名的戰爭，當中也有一些規模比較小的戰爭，這點請大家務必理解。

一、進行戰爭所需的經費──裝備品的費用

武器的價格

戰爭中比什麼都重要的莫過於人了。人力可以分為戰鬥員（士兵），以及負責後方物資運輸（後勤）、被動員起來的非戰鬥員（主要是百姓／農夫）。士兵雖是以平常就侍奉大名的武士為中心，但戰時則得要這些人自掏腰包，所以會給予他們領地。換言之，武器與糧食基本上是各個士兵自己出錢準備的。只是，如果遇到出

乎意料、被迫進行長期戰爭的場合，大名就必須填補兵糧。按照這樣的脈絡，若要針對當時末端的經濟狀況建立印象，就必須試著思考裝備士兵的武器當時的價格是多少？

武器當中首先必要的是刀。當時的武士一般會佩帶太刀與打刀兩把刀。當然其中的價格有差異，如果是著名刀匠製造，在權力者之間作為贈答品（禮物）使用，美術價值很高的太刀行情價大概會達十貫文，也就是現價六十萬到七十萬日圓，符合美術品的印象。就像「萬疋之太刀」（《朝倉孝景十七條》）這樣的極端高檔的太刀，價值甚至高達一萬疋（一疋約為十文，所以是十萬文、也就是一百貫文），現值大約是六百萬到七百萬日圓！

話雖如此，即使是權力者喜好的物品，一般而言實際的價值也沒有這麼高。天文三年（一五三四年）毛利元就被朝廷賜予右馬頭官職的時候，轉贈給朝廷官僚的是代替太刀的錢，其金額是五百文（《毛利家文件》二七〇），現值約為三萬到四萬日圓。感覺起來似乎相當便宜，但就算是贈答，大概的行情價也是如此。

作為普通兵卒使用的實用品，其價格又比這個更便宜了。實際在白刃戰中使用的是比太刀刀身更短的打刀，因此毫無疑問比太刀來得更加廉價，其價格從數百文起跳，就算再高也不過數貫文；以現值來說就是只要幾萬日圓就能入手的程度。

除了刀以外，戰爭還有其他必需的武器。野戰並不是並不是突然就邁入短兵相接的近戰，因此除了槍之外，一般也還需要弓箭乃至於鐵炮等遠距離射擊武器；這些武器基本上都是每個兵卒必須要準備的。在這當中，就像「百疋之鑓（槍）」（《朝倉孝景十七條》），一把長槍就印象來說大約是一百疋（一貫文），也就是現在的數萬日圓。弓箭雖然可以想定是自己製作，但是很難自給的金屬製箭頭在行情上應該和槍有同等價值，也就是數萬日圓左右。

彎弓射箭的時候需要手套（弓懸），按照記錄，弓懸三副的價格是錢六百文（《賀茂別雷神社文件》）。依此來推斷，弓懸一副的價格為兩百文，價值約為現代的一萬日圓左右。

作為防具的具足[1]也必須準備。具足有大將到士兵的等級之別，因此品質也各不相同。在廉價的具足方面，讓我們得知價值、可以做為大致標準的是毛利氏相關的史料。雖然不清楚是在戰國什麼時期，不過具足一百四十兩（件／領）的價格是錢六百五十貫文（《毛利家文件》六二七）；換言之，一副具足的價格大約是四貫六百文左右，換算成現值是三十萬日圓上下。山口博先生基於其他史料算出的數字是，一副具足的價值約相當於現值一百一十五萬兩千日圓左右，但這可能是因為地域、時期以及品質的差異，很大影響了概算的情況。不管怎麼說，對於穿著具有此等價值物品奔赴戰場的人而言，生命都是不可替代的東西，因此是無論如何都得擠出來的費用。

戰爭必要的事物還有馬。馬作為移動和搬運的手段被廣泛活用，在戰場則是指揮階級的必備之物。這些指揮官必須自己保有馬匹並且好好飼養。馬因為貴重，也被當成贈答的手段。在上面提到毛利元就的官位取得中，馬也成為贈答物。實際上代替馬贈與的錢金額約為三貫文，也就是現值二十萬日圓左右。若以現代人的感覺，或許會覺得還算便宜，但因為在中世日本馬的生產與養育相當盛行，所以這種價格的估算也算妥當。只是，買下馬之後的養育成本可不是好玩的，庶民也不可能輕輕鬆鬆買得到。

1　「具足」指從頭到腳、全副武裝的甲冑。

鐵炮一挺約五十萬到六十萬日圓

戰國時代戰場最讓人印象深刻的，就是十六世紀中葉起在日本急速普及的鐵炮。鐵炮雖然是以織田信長為首，眾多大名垂涎三尺的新兵器，但能顯示當時鐵炮價格的史料很遺憾幾乎是零。之所以如此，是因為十六世紀下半葉起，堪為實戰之用的鐵炮日益普及，許多大名都把工匠納入麾下自行製造，就算不是大名的家臣也會自行準備個幾把，因此他們到底花多少錢在調度鐵炮上，我們實在無從得知。

不過，堪稱線索的史料倒也不是完全不存在。天正九年（一五八一年），小田原北條氏麾下的池田孫左衛門留下了一份被課予軍役的史料（《中世法制資料集》第五卷一〇一三）。根據這份史料，兩名「鐵炮侍」的負擔總共是二十貫文。

北條氏對以家臣身分納入麾下的工匠，支付的日薪為五十文（《小田原眾所領役帳》）。雖然把戰時和平時等同看待會有問題，但我們還是姑且假定是同樣的薪資；這樣的話兩名鐵炮侍的日薪就是一百文。兵卒本身負擔的費用是以一個月為標準，因此若假定上述負擔維持一個月，則鐵炮侍的人事費合計為三貫文。將二十貫文扣除掉人事費，則鐵炮的費用約為兩挺十七貫文、一挺八貫五百文；換算成現代的價格，一挺估計約五十萬到六十萬日圓。雖然也有依據其他史料估計鐵炮費用的先行研究，但估算起來跟這個金額也相差無幾，所以姑且就先用這個數字也算合理。

如果大名要盡可能準備鐵炮的話，大概要花費多少錢呢？雖然數字有各種說法，但天正三年（一五七五年）的長篠會戰，織田信長公認至少準備了一千挺鐵炮（《信長公記》）；若按照上述單價，其總費用合計八千五百貫文，換算成現值是五到六億日圓，即使以當時的金錢感也確實是破天荒的費用。比起從商人手中購入，將擁有製造技術的工匠納入麾下，可以大幅減省經費，因此大名拉攏工匠是相當合理的選擇。

按照以上的數字來估算士兵一人份的裝備，則整套裝備大約是十貫文（現在的六十到七十萬日圓），再加上鐵炮是二十貫文（一百三十萬日圓左右）。然而就像前面提及的，武備的基本大原則是由家臣與各個士兵自己籌辦。簡單說，儘管大名本身並不直接供予這些裝備，但從整體軍隊的經費來徹底考量，則一千名軍隊就得花上現值數億到十億日圓的經費。當然如果加上兵糧（運送兵糧的是百姓，但原則上他們是無償勞動），則經費還要更加膨脹。

戰爭儲備品的經費為一億日圓

為了讓大家對於軍備費用有點更具體的印象，我在這裡想引用一份著名的史料。和長篠會戰幾乎同時期的天正三年五月，以大友氏家臣身分盡顯武勇的戶次鑑連（立花道雪），因為沒有男性繼承人的關係，決定將家督讓給以「女大名」著稱的女兒誾千代。在宣示這點的權狀（讓狀）上表列了立花家的家財（《立花文件》）。文件中，道雪列記了讓渡給誾千代的刀劍、甲冑、馬具，還有從大友義鎮（宗麟）那裡領到，讚揚無數戰功的感謝文件（感狀）等值得驕傲的事物，但在其中還有一段記述是，道雪命令誾千代為沒有甲冑的士兵（無足人）準備三十領具足。所謂無足人是沒有領地的人，也就是侍奉道雪的底層兵卒。沒有財產的他們，通常都是由領主準備好具足在出戰時提供給他們使用。就像先前看到的，具足換算成現值一領大約是三十萬日圓，因此三十領大概就是九百萬日圓。順道一提，同一份史料中寫到不只是具足，頭盔也要儲備，因此費用還要更往上提。

除此之外，道雪還命令誾千代要儲備「大鐵炮」十五挺、「小筒」一挺等火器，以及為了使用這些火器，必需的硝石和鉛彈等各一千斤（約六百公斤）。以鐵炮現值約一挺五十萬到六十萬日圓來參考，則需要花費一千萬日圓以上；再加上火藥和鉛彈的費用，則還要更往上調。鉛以現代來說，一公斤一百日圓不到，假使鉛一公斤為一百日圓，則一千斤不過是六萬日圓；但考慮到當時只能從東南亞輸入鉛，所以價格比起現在應該遠遠更加高昂。後面會提到，大友氏之所以積極從事貿易活動，也是出於這種軍事面的需求。

不只如此，道雪也敦促闇千代儲備作為兵糧的米一千石。詳細情況會在後面討論兵糧調度的部分提及，不過當時畿內的米一石約為錢五百文，一千石就是五千貫文，以現值來說是三千萬到三千五百萬日圓左右。雖然這些米大部分是透過年貢獲得，不須購入，但作為大名的家臣等級，毫無疑問就是必須承受這樣的負擔。除此之外，道雪還交代在城內必須準備鹽、水、柴薪與繩子等物品，這些大多數都是透過領民的賦課蒐集而來的。

另一方面，道雪也敦促闇千代儲備金銀。除了作為貨幣的用途外，金銀也可以當作武具的裝飾。道雪說銀要儲備十貫。一貫相當於一千匁，也就是約三十七點五公斤。當時的銀一匁價值約當於錢兩百文（參照後面會看到的織田信長撰錢令），所以銀一貫等於錢兩百貫文（二十萬文），也就是現值約一千兩百萬到一千四百萬日圓。

以上加總起來，立花道雪花在上述儲備的費用，換算成現值至少要六千萬日圓，如果再包含各種零星瑣碎費用恐怕要達到近一億日圓。然而這只是大名重臣的等級，如果是大名的話，相應其規模所須儲備的費用恐怕要數倍到數十倍。雖然這不見得是每年的負擔，但一旦在戰爭中消費掉，若要重新儲備，同等的費用負擔仍是免不了的。如果不能在戰爭中取勝、從而擴大領地（＝增加收入），財政就會立刻陷入危機，放眼望去，也只有走向滅亡一途而已。

二、戰爭的動員人數

最大動員數兩萬人

目前為止，我們看到了個別士兵層級的經費，接下去為了讓各位對「當時戰爭能夠動員的戰鬥員整體人數（兵力）有多少」有個基本印象，我就從大家耳熟能詳的戰爭開始說起。

永祿三年（一五六〇年）五月，織田信長斬殺今川義元的桶狹間之戰，只要是對戰國時代感興趣的人，沒有不知道的吧！只是，關於這場戰役的來龍去脈，大多是依據侍奉信長的太田牛一之後記載的《信長公記》（雖然正確稱呼應該是《信長記》，不過本書還是按照通例稱之為《信長公記》）。由於它並不是同時代寫下的東西，而是二手史料，所以對其內容全然信任不疑，是必須慎重小心的事。話雖如此，這本書的內容倒也不完全是胡說八道，有許多研究都確認了這點，因此當作參考使用還是可以接受的。

根據《信長公記》首卷，為徹底壓制尾張國而進軍的今川義元軍隊有「四萬五千人」，在「桶狹間山」（愛知縣名古屋市、豐明市）布陣紮營。即使在作者太田牛一的認知中，這也是一支大軍。據說是大軍的今川軍，由德川家康（時名松平元信）成功將兵糧運入困守的尾張大高城（愛知縣名古屋市）。另一方面說到織田軍，卻只有「不到兩千的人數」，而且最後襲擊義元的，據太田記載只有三百騎而已。

此處有疑慮的是，這些數字是否真是呈現出當時實際狀況、完全有理的數字？

特別是《信長公記》首卷可信度有很多值得懷疑的地方，不能照單全收。探尋其他的紀錄後，《北條五代記》的說法是當時今川的軍隊為兩萬五千人。儘管這項記載是否正確仍然不免讓人擔心，但小和田哲男先生指出，在這個數字中，作為非戰鬥員、從事兵糧輸送等任務的人伕（陣夫），也就是百姓占了大半，實際戰鬥員（武士）的數量則是兩千到三千，如此才合乎邏輯。當時今川氏的支城約有三十座左右，從各城能容納的戰鬥員與居住百姓的人數來推估，上述的數字確實是較為妥當。太田牛一的「四萬五千」只是為了強調信長的痛快之舉而做出的誇張描述。

讓我們試著更接近真實狀態來看。雖然是其他大名的事例，我想試著舉與今川氏處於競爭關係的北條氏為例。儘管是非常粗略的介紹，但基於佐脇榮智先生的詳細分析，大致呈現出以下的結果：按照分析，北條氏基於知行的貫高，大致原則是一個人的軍役負擔等於五貫文。從弘治二年（一五五六年）的史料中家臣伊波氏的例子來看，貫高合計四百四十二貫八百三二文，動員對象是五十六人（其中騎馬武者十二人）（《戰國遺文後北條氏編》五〇六）。只是這個數字不見得是單純貫高與人數的等比例對應，騎馬武者據推估應該換算成三人分。畢竟馬的沉重負擔也必須考慮進去。

以這種方式掌握一名家臣的負擔，就可以大致推測出整體的數值。根據被認為編纂於永祿二年（一五五九年）的《小田原眾所領役帳》所述，北條氏家臣總數為五百六十人，貫高為七萬兩千貫文左右。若是以此來計算，可以動員的戰鬥人員總數大約可推定為一萬人左右。如果把非戰鬥員的百姓動員數也算進去，則全體應當可以動員數萬人。可是這是總動員的情況，除了北條氏迎擊豐臣秀吉軍隊的時期外，原則上是不可能的。是否真像小和田氏所指出，非戰鬥員的動員是戰鬥員的十到二十倍，這點並不清楚，但若是數倍動員，召集總數兩到三萬人的軍隊還是可能的。

如果以上的分析正確，以一五六〇年階段支配複數國的大名權力來說，一場戰鬥應該是可以組織起數千名戰鬥員，加上非戰鬥員為兩萬人左右的軍隊。

實際戰鬥員為數千人

其他的事例又是怎樣呢？我們就來看看織田信長上洛之前，畿內的一個例子吧！永祿九年（一五六六年）二月在河內國，三好義繼的軍隊跟與之為敵的「八隅父子」（安見氏一族）爆發了戰鬥。雖然是傳聞，不過當時戰死的人數，「牢人眾」（安見方？）是五十多人，三好方則是兩百多人（《言繼卿記》同月十八日條）。兩者的軍隊總數可以推測應該數倍於此。雖然似乎不是大規模的戰爭，不過既然出現這種數量的戰死者，除了是激烈的戰鬥外，也不難窺見雙方的軍隊都有相當規模。

接下來是一五七〇年代織田氏的軍隊；要看的是天正七年（一五七九年）正月，由羽柴秀吉所發出、稱為「軍勢注文」（記載軍隊人數等的清單）的史料（《豐臣秀吉文件集》一八五）。發出這份史料的時候，秀吉正在包圍別所氏困守的三木城（兵庫縣三木市），處於攻城戰的高峰當中。根據這份清單，「乘馬者」為二十人，「武士、隨從」共一百二十七人，除此之外還有二十六人，合計為一百七十三人。雖然感覺起來似乎相當少，但這是戰鬥員的數量，把非戰鬥員也列進去的話，應該會是大好幾倍的軍隊吧！

接下去是本能寺之變不久後的事例。為了討伐在本能寺殺害織田信長的明智光秀而上洛的織田信孝、羽柴秀吉、丹羽長秀等軍隊，在天正十年（一五八二年）六月十三日包圍了明智方困守的山城國勝龍寺城（京都府長岡京市），當時的軍隊總數據說有兩萬餘人（《兼見卿記》同日條）。因為這是傳聞的紀錄，或許無法斷言為實際數量，但我們可以想見當時的畿內周邊，應該已有許多規模數萬的軍隊彼此對峙的會戰。

會戰中的戰死者又是如何呢？讓我們再回到三木城的事例。天正七年九月，為了救援困守三木城的別所氏，將兵糧運入城內的毛利氏軍隊，和秀吉在城下展開會戰。當時秀吉說自己獲得了四百〇八個首級（《豐臣秀吉文件集》二〇二）。這起事件在《信長公記》中也有記錄，其描述是「斬殺數十人的大勝」。數字似乎有相當的出入，事實上《信長公記》的數字少了許多。是太田牛一出乎意料地不寫誇張的數字，採用慎重的筆觸描述；還是秀吉展現的數字太過誇張了呢？

雖然只是些許事例，不過根據以上探討的結果，我們可以發現十六世紀下半葉，小規模的戰爭是由數百到數千名兵員構成軍隊，全面戰爭型態的大規模戰鬥則是兩萬到三萬的軍力。可是因為其中包含了許多負責後勤的百姓等非戰鬥員，所以將實際的戰鬥員推定為數千人規模較為妥當。

三、戰國大名的戰爭經費

兵糧的調度

基於每個士兵的裝備價格以及參加戰爭的大致人數，我們就可以試著思考和大名支出有關的戰爭經費了。

戰爭首先不可或缺的是兵糧，不過在中世的戰爭中，每個士兵原則上是自備兵糧的（兵糧自辦）。正因如此，所以才要給予領地，不過這是領主方面的片面之詞。事實上是讓士兵自己攜帶兵糧，可以省掉另外徵集運糧人員的工夫。

即使進入戰國時代，兵糧基本上也還是自備，但隨著戰爭慢慢大規模化，以及圍城長期化變成一種常態，要貫徹自備兵糧的原則其實相當困難；說得更實在一點，要求生活寒酸的底層士兵準備充分的兵糧，是愈來愈困難了。即使是大名，對以調度不到兵糧為由拒絕軍役、甚或途中逃亡的情況也會相當困擾，因此漸漸變成了大名陣營負責準備兵糧的狀況。

隨著圍城長期化等戰線的膠著，甚至是大名也會出現難以「自己負擔」的情況。這時候也會出現締結同盟的其他大名以援助的形式運送兵糧過來的狀況。例子雖然很多，其中又以織田信長與本願寺間進行長期戰鬥的石山會戰之際，毛利氏為了援助本願寺，將兵糧運入本願寺的事例尤其著名。

在這裡，我們也可以看看大名本身調度兵糧的事例。永祿四年（一五六一年），北條氏從遙遠的伊勢神宮門前大湊（三重縣伊勢市）緊急買米的事例。之所以如此，是因為這時越後的長尾景虎（上杉謙信）為了攻打小田原城而入侵關東，迎擊的北條氏為了準備守城，必須緊急調度兵糧。調度來的兵糧是要發放給被圍困在小田原城中的士兵之用。

只是大名自己的兵糧調度，完完全全是緊急處置。永祿七年（一五六四年），北條氏和支配房總的里見氏在下總國國府台（千葉縣市川市）開戰之際，曾經採取將沒有發放出去的兵糧借給士兵的對應方式。（《戰國遺文後北條氏編》八三六）即使是稱霸關東的北條氏，也沒有將兵糧全部轉換成發放制的餘裕。

由大名來調度兵糧，雖然經常是在儲備的米足以發放的情況下，但隨著季節更替（特別是收穫前），大名未必時時都有充裕的儲備。那麼，在需要另外調度的情況時又該怎麼辦呢？當然也可以從戰地進行掠奪，但是得將勝利後的統治納入考量，即暴動的風險相當高。故此，在大多數情況下，大名都會自掏腰包購買兵糧。前面見到的北條氏從伊勢買米，就是透過中世太平洋沿岸往來海運的重要據點——大湊的商人來進行斡旋。

將目光轉向西國毛利氏的情況，他們不只是向領內與周邊活動的商人，也向既是武士，亦是支配流通據點、從事商業活動的人物，進行兵糧的調度。

大內氏滅亡後，成為毛利氏支配下長門國赤間關（山口縣下關市）代官的堀立氏，被指派負責以毛利氏進入九州時必須的兵員輸送為中心之水運業務，同時也擔任在港市赤間關調度、輸送兵糧的角色。購入兵糧的財源，則是以停泊在赤間關的船舶繳納的關稅（津料）為主。在沒有兵農分離概念的中世（近世[2]是否也是這樣，則有議論空間），既有從事農業的武士，也有同時與商業有著密切關聯的武士。大名借重這些長於商業的人，來讓自己的物資調度得以順暢進行。同時，他們也盡可能在領內建構起重要的物流據點，對往來的商人徵收通行稅以獲取財源。

一次戰爭得花上一千萬日圓

基於以上的論點，我們就來試著對調度兵糧的相關費用，建立起一套具體的印象。天正六年（一五七八年）十一月，毛利輝元對奪取播磨國上月城（兵庫縣佐用町）的尼子勝久與山中鹿助發動攻擊。此役以毛利氏擊退馳援尼子勝久的羽柴秀吉，打碎尼子家復興的夢想而著稱。當時毛利氏麾下有一位名叫山本盛氏的人物，像堀立氏一樣以商人家臣身分從事兵糧調度等業務。他在這場攻城戰中以收取利息的借貸形式提供兵糧給毛利氏。但是毛利氏並沒有如常還款，所以在天正八年（一五八〇年）引發了山本盛氏向毛利氏要求還款的糾紛（《萩藩閥閱錄》四卷四七三）。當時山本盛氏借出的兵糧以可以裝五斗米的米袋（俵）來計算，據說是六百俵，也就是三千斗＝三百石。

另一方面，在上月城與毛利氏作戰的秀吉，則在之後的天正七年（一五七九年）正月包圍了播磨國的三木城，當時總計使用了「飯米」三十日的分量，合計米

2 日本「近世」約莫始於織豐政權崛起，止於德川幕府結束。

三十六石。正如前文所見，秀吉的軍隊（戰鬥員）是一百七十三人，因此每人每天的配給量大約是米六合。如果毛利氏也以同樣的量配發米糧給士兵，那麼米三百石就相當於十天份五千人、三十天份一千六百人。因為上月城不是動員到五千人的攻城戰，所以認為毛利氏是向山本盛氏借用一千人到兩千人份、一個月的兵糧，應該算是妥當。

米三百石的價值是多少呢？米的價格不只會每年變化，在一年間的價格波動也很大（收穫之後的秋季到冬季較便宜，收穫之前的春季到夏季則較高），當時是比較便宜的冬季（正因如此，一般的戰爭大多是在秋冬之際進行）。前面有提過，一五七〇年代的米在畿內周邊大約是錢一貫文＝米二石的行情。套用這個公式，則秀吉準備的米三十六石相當於錢十八貫文，毛利氏的米三百石換成錢則是一百五十貫文。再把毛利氏的案例換算成現值，則大致相當於一千萬日圓。

雖然這是一個相對於錢，米比較廉價的時代（一般而言，很多時候錢一貫文能買到的米只有一石），但就算這樣，所要求的負擔仍然龐大；由此也可以想見戰爭對大名財政是多麼沉重的負擔。即便是稱霸中國地方的毛利氏，也會陷入這種堪稱「米債陷阱」的嚴峻財政危機。當然，負擔並不止於兵糧而已；各式各樣軍需物資的調度費用也會壓得財政喘不過氣。即使如此，為了存活下去的戰爭還是無可避免，因此大名的領國經營可以說是相當辛苦。

四、戰時經濟的現實——掠奪與「亂取」

綁架人口、然後便宜賣掉

戰時的緊急物資調度，雖說會盡可能以溫和手段為主，但採用粗暴手段的狀況也是屢見不鮮。現實地說，不論古今中外，在戰爭中要防止掠奪發生基本上是不可能的；日本戰國時代也是如此，戰時的掠奪橫行不斷，而且不只是物資，也有對戰地的人進行綁架的行為。這種掠奪與綁架在戰國時代稱為「亂取」。

關於戰國時代的戰時掠奪，透過藤木久志先生的優秀研究，讓許多事實得以攤在陽光下。在這當中，讓我們來看看以越後國為根據地，作為戰國大名不斷擴大勢力的上杉謙信的事例吧！謙信常常給人一種禁慾、重義的印象，但在打仗的時候就未必是這樣一回事了。

永祿九年（一五六六年）二月，入侵關東的上杉輝虎（謙信）攻擊固守常陸國小田城（茨城縣筑波市）的小田氏治，並攻陷之。在這之後，他在城下進行人口買賣，將可能是亂取綁架來的人，以一人二十到三十錢（文）的價格交易出去。成為人口買賣的對象是被稱為「足弱」的人，也就是婦女、孩童與老人等。被害者雖然包含了許多當地的一般庶民，但也有很多是小田氏一族與家臣的相關家族。當時上杉軍在入侵的北關東各地同樣橫行無忌、肆意進行亂取，被賣掉的人大多會被剝奪自由，以隸屬於主人（購入者）的僕從身分，被迫成為從屬的下人（奴隸）。他們不只會受到主人使喚，甚至還會被當成商品再次轉賣，命運相當可悲可嘆。不只如此，謙信本人也認可亂取的行為，這是相當駭人的事。他大概是把亂取的利益認知為提供給麾下士兵的報酬了吧！

在提到上杉謙信的敵人時絕對不可被忽略的武田晴信（信玄），也跟亂取脫不了關係。從謙信的事例往前回溯，天文十五年（一五四六年），為了壓制信濃國佐久郡而出兵的武田氏，包圍了當地國眾依田氏一族——笠原清繁固守的志賀城（長野縣佐久市）。在擊破從上野國派遣而來、支援笠原的上杉憲政軍隊後，武田軍攻陷志賀城，壓制了整個佐久郡。這是武田晴信邁向壓制信濃國、堪稱分水嶺的重要一戰，但當時也爆發了大規模的亂取。

一個人的價格約為十萬到七十萬日圓

根據史料，武田方活捉當地的男女之後，將他們帶回到甲斐國。如果親屬付贖金，就可以釋放回鄉，但每個人通常要付兩貫文到十貫文之間的金額（《勝山記》天文十五年條）；換算成現值大概是十萬到七十萬日圓左右。雖然相關史料的記載只到這裡為止，但是付不出贖金的人不是被當成下人（奴隸）買賣，就是成為綁架者使喚的對象了吧！

面對這樣的現實，當時的權力者中也有將之視為問題的人在。在之後的天正十八年（一五九〇年）二月，德川家康從駿府（靜岡縣靜岡市）出發攻向小田原城之際，制定了軍法；當中規定，不得在沒有命令的情況下對男女（人們）進行亂取。如果有進行亂取卻隱瞞事實者，亂取者的主人也必須連坐受罰（《淺野家文件》一八）。

會制定出這樣的法令，就代表在現實當中亂取的行為依然相當猖獗。從現代人的眼光來看，家康禁止亂取的態度或許會被認為是基於人道而禁止，從而給予很高的評價，但我們也不能單純斷言他的真意就是出自人道處置。亂取橫行會造成軍紀與軍隊統帥陷入紊亂，而且預想到成為戰場的土地在戰後仍然需要統治，所以下達這樣的處置方式也是必要的。

不過，時序邁入十六世紀末期之際，亂取確實也是慢慢朝著受限制的方向邁進。豐臣秀吉在統一的進程中，慢慢地對所謂「亂世秩序」加以否定（秀吉關於這方面的一連串政策，也有人稱為「平和令」），亂取也被視為應當否定的慣例受到強烈的非難；家康先前的法令確實也是搭上了這股時代的大潮流。可是因為現實的嚴峻，亂取本身並無法完全消滅；即使到了大阪夏之陣這樣的行為依然很猖獗。雖然是很刺耳的話，不過戰時的非人道行為要禁止，除了消弭戰爭本身以外，是沒辦法實現的。

第二章

戰國大名的收入

戰國大名雖是一種以遂行戰爭為最主要事務的權力，但戰爭的財源是從何而來呢？為了理解這點，我們就要來探討他們平日的經常收入來源。

一、戰國大名的各式各樣權益

作為收入來源的稅賦

現代人不管願不願意都得納稅。在近年的日本，特別是有關消費稅的議論甚囂塵上；畢竟稅金是從自己所得一部分繳出去的，因此會有抗拒也是理所當然。

稅有各式各樣的種類，納稅者對此也是每天都深刻有感。消費稅固不用提，除了所得稅、住民稅外，還有財產稅、汽油稅、酒稅、菸稅……林林總總，數也數不盡。稅不用說，是作為國家與自治體的營運資金被徵收；我們納稅是為了透過這些行政組織的運作，得以享受安心、安全的生活，這就是納稅的大前提（也稱為重分配機能）。即使如此，納稅還是很辛苦的事，這點在戰國時代的庶民應該也是同樣的想法吧！

戰國大名擁有對領內住民徵收其所得一部分的權限，其財源也大多仰賴於此，但是他們是怎樣獲得這種權限的呢？這其實是個複雜的問題。在中世這漫長的五百年歲月中，作為課稅對象的土地權益慢慢地被分割，並以各式各樣其他權益的形式被繼承下來，一塊土地擁有眾多具備徵稅權的領主也不足為奇。戰國大名或者是從前代支配者手中繼承了這些權益，或者是透過強行手段將一切奪取過來，成為自己的財源。

故此，簡單來說，雖然各個戰國大名保持的權益各有不同，但構成基礎的權益在某種程度上是共通的。以下就列舉出主要的權益：

＊年貢：對農林漁牧業的課稅。

＊公事：就朝廷儀式必要的物資和勞動進行課稅。

＊段錢（反錢）／棟別錢等：在國家進行公共事業（建造皇居或是神宮遷宮等）時，徵收的臨時稅。

＊關錢／津料：對道路和港灣的使用課稅。

＊其他：守護役（權力者為守護的時候）、軍役、陣夫役、普請役（都是以服勞役的形式課徵）。

雖然本書和現代一樣，稱這些課徵為「稅」，但因為當時的繳納者對於這些稅回饋到自己身上並沒有抱持太多的期待，所以這些徵收也可以說是權力者的掠奪與剝削。只是，回饋倒也不是全然等於零，領主還是要進行治安維持、基礎建設整飭、借貸種子等最低限度的生活保障，所以繳稅者支付年貢並非完全沒有好處。

（一）年貢、公事

戰國大名擁有權益的核心是年貢。所謂年貢是對居住在領內的百姓（大半是從事農業者），以基本上一年一度的方式，將各自定量的收穫物（基本上是米）中的一部分以稅的形式加以徵收。

這種制度的起源，是古代律令國家給予百姓田畝（班田收授），百姓作為回饋，對國家支付「租」（實際的繳納對象是各國的統治機關國衙）。班田收授雖然很早就遭到了挫折，但之後還是在國家主導下展開對田地的開發，並授予百姓土地、徵收年貢。國家開發的田畝稱為「國衙領」或「公領」；即使在中世，這仍是朝廷運作的基本財源。

侍奉朝廷的公家（貴族）以國家公務員的身分從朝廷獲取俸祿。國家建立的東大寺和伊勢神宮等寺社（官營寺社）也是從朝廷獲取營運資金來運行。可是到了平安時代末期，因為朝廷財政吃緊，所以把作為國家財源的國衙領等各式各樣權益分割讓渡給公家和寺社，讓他們各自進行獨立經營。說得極端一點，這種現象就近似於現代曾風靡一時的「民營化」。各權力個別開發的土地也增加了。這樣獲得的權益稱為莊園，從莊園納入的物資則稱為年貢。

到了內亂的南北朝時代，各地的守護對任國的莊園以軍事費的名目強制徵收走年貢的一半（半濟）。這雖是以戰時的臨時處置為名目，但在內亂平息以降，他們又將土地分割一半作為領地（下地中分）巧立名目進行徵收。這成為之後守護與其家臣基本的收入來源，一般稱為守護領或武家領。

但另一方面，守護在幕府的命令下，也必須保護尚有原本領主的莊園。故此，就像剛才講的一樣，守護並不能侵略任國所有的莊園。高中日本史到現在還是強調守護侵略所有的莊園（並認為守護是透過這種侵略來形成領國），但近年的研究顯示事實並非如此；調查結果也指出，守護領只占任國全體兩成左右的面積，實際上大多數的莊園仍然維持經營。

就像這樣，因為守護的直轄地相當有限，所以光靠守護領並無法獲得充裕的收入。也正因此，他們屢屢向領主承包任國莊園的經營管理（守護請）。莊園的實務是由前往當地任職的守護家臣（被官）負責，報酬是年貢的一成到兩成。守護請依照國的規模而有不同，若是大國的話，其收入估計每年可以達到一千貫文。像細川氏或畠山氏這種兼任畿內周邊複數守護、後來成為戰國大名的勢力，守護請可以達到每年數千貫文，是貴重的收入來源。只是，其中還有一部分必須以捐獻的形式上繳給幕府，所以並不是所有收入都自己獨吞。這些上繳的金錢稱為守護出錢，像細川氏這樣擔任複數國守護的情況，每年大概要上繳一千貫文給幕府。

產業當然不止於農業，還有漁業、林業、畜產業等等；不過這些稅一般而言並非徵收實物，而是改徵一定額度的金錢。即使是米，在戰國時代階段也有很多時候不是徵收實物，而是以徵收金錢代之。

「公事」原本指的是和年貢名目有別、另外課徵的雜稅，但在戰國時代徵收的情況並不罕見，而且徵收的場合也往往和年貢混在一起，沒有什麼區別。只是，為了誇示自己作為公權力的正當性，大名還是會以「公事」的名目，在年貢以外另行課稅。

（二）段錢（反錢）、棟別錢

長期扛起日本國家權力的朝廷，其經費基本上也是仰賴年貢，但天皇的即位儀式（大嘗祭）與皇居（內裏）的興築、或是伊勢神宮的遷宮等，都會臨時需要鉅額的財源（順道一提，在戰國時代這些事業幾乎都停頓了）。雖然原則上會使用儲備的年貢來支應，但從平安時代起，朝廷的財政惡化讓儲蓄變得困難，因此在一時需要大規模財源的時候，就會對全國百姓課徵稱為臨時雜役的臨時稅。不過因為莊園可以免除這種臨時雜役，所以它的機能也並不很充分。

當時序邁入十一世紀後，臨時雜役變成以臨時稅的名目來進行課徵。這種臨時稅是依據全國一律的田地單位面積（一段，約等於一千平方公尺），對包含莊園在內的土地進行均等的課稅，因此稱為一國平均役。由於它是以一段（也寫作一反）為課稅基準，所以別名為「段米」（反米），之後遂成為定稱。之後到了室町時代不徵收米而改徵收錢，於是又變成了「段錢」。

室町時代的段錢是幕府受朝廷委託進行徵收，實務則是由各個任國的守護派遣駐留當地的家臣負責。故此，討厭繳納段錢的百姓和進行徵收的守護之間，屢屢發生對立。

對從守護變成戰國大名的權力而言，這種段錢是重要的財源。原本有上繳朝廷的義務，被百姓討厭也算是麻煩的工作，但經過應仁之亂，幕府權力蒙上一層陰影，企圖自立的勢力於是把段錢納為自己的權益（簡單說就是盜用公款）以及重要財源。不只如此，儘管它原本是種臨時稅，這些勢力卻找各式各樣的藉口，幾乎每年都徵收段錢。比方說大內氏，除了眾所周知的貿易權利外，段錢也是主要的財源。

「棟別錢」是應房屋數量進行課徵的臨時稅。雖然大多是以都市或都市近郊為對象，屬於一種限定性賦稅，但到了戰國時代，也可以看到把棟別錢當成財源予以活用的大名。

那麼，大名實際上可以從段錢和棟別錢中獲得多少收入呢？我們就舉留有徵收帳簿的伊達氏為例吧！伊達氏原本並非守護，但在大永二年（一五二二年）伊達稙宗獲幕府任命為陸奧國守護。名目上成為守護後，他們獲得了徵收段錢與棟別錢的正當性；天文四年（一五三五年）他們以領內為對象編纂了棟別錢（棟役）的帳簿（《伊達家文件》一三七），天文七年（一五三八年）又編成了段錢的帳簿（〈御段錢古帳〉）。

按照這些帳簿，棟別錢合計一年一千六百四十二貫五百文、段錢合計一年六千八百貫文。雖然因應收成狀況徵收額很多時候會有所減免，因此實際的徵收額會少一些，但即使如此，預估一年還是可以收個數千貫文。因為這些稅收還要加上年貢，所以伊達氏的財政從東北地方給人的印象來看，出乎意料地富裕。

以上這樣的財源，大概是他們被任命為守護之前就已經確保的。這些財富不用說自是伊達氏之後在東北地方擴大勢力的基礎，同時也運用於中央獻金、獲得政治影響力。剛才看到的守護敘任說到底也是這樣的結果。關於獻金的狀況後文會再提及。

相當於現在東北地方的陸奧國、出羽國，一般都有種「因為寒冷，所以農業生產劣於其他地區」的根深蒂固印象，從而低估它的經濟規模；但是光從伊達氏的財政規模來看，這種印象似乎並不正確。即使只從農業生產上徵收不到這麼多的稅，還是有可能藉著交易等商業活動的收益來汲取稅收。從發掘調查中也發現，在當時的東北地方留有與北方（現在的北海道、庫頁島、西伯利亞）進行交易行為的遺物。人們大概就是以某種型態參與了這樣的物流，從而累積起財富。

在首都京都與各地的流通據點、城下町等的都市地帶，已經存在著工藝品和實用品、嗜好品等的製造業，以及運輸物資的流通業、販賣物品的零售業，還有金融業與各種服務業。可是，權力要個別掌握這些業者以及其收益並進行課稅，以當時的情況來說相當困難。故此，對這些業者的課稅不是基於收益，而是針對所擁有的不動產來課稅，這在中世是相當普遍的現象。這些稅收也稱作段錢或棟別錢。順道一提，在住宅密集、居住面積小的京都，幕府會依據住宅用地正面的寬度來對居民課稅，稱為地口錢。

不是出身守護的大名當中，也有以段錢為主要財源的勢力，那就是以曾任幕府官僚的伊勢宗瑞為開基始祖的小田原北條氏，小田原北條氏在幕府撐腰下，獲得實質上與守護同等的地位，得以涉足關東。雖然之後他們從幕府完全自立，但一開始北條氏也是高舉守護的權限作為徵收段錢的正當性，以確保財源。

（三）其他

除此之外，大名也會以稅收名義來徵發庶民。雖是自古以來傳統的課稅，但戰國時代百姓被大名要求從事物資搬運或土木、建築工程等勞役，是相當普遍的事。百姓雖被認為是非戰鬥員，但不時也被動員參與戰爭。這種徵發在當時稱為「役」，應內容不同而有夫役、普請役、軍役等各種稱呼。先前看到的一國平均役，因為本來的名目是徵發勞動力，所以也被稱為「役」。

順道一提，關於商業的課稅也被稱為「役」。室町時代，幕府根據釀酒業者所擁有的酒壺數課稅，稱為酒屋役，按照金融業者的經營規模課稅，則稱為土倉役。

以上述的整理為基礎，接下來就讓我們列舉出身各異的大名來接近其收入的實際狀態。以下會列舉出來的有從守護成長為大名的大內氏；不是守護出身，卻獲得此權限的北條氏；以及從守護家臣（被官）往上爬的織田氏。

二、大內氏的財源——從守護到戰國大名的情況

以「公」為訴求

大內氏在平安時代後期於周防國落地生根，成為按國設置的役所、國衙的在廳官人（當地職員）。在這之後的鎌倉時代，他們成為當地國衙的代表性存在，開始嶄露頭角。南北朝時代，他們以軍事壓制了長門國和九州北部，一三六〇年代左右被室町幕府任命為周防、長門兩國守護；之後，他們便將在兩國身為地頭、持有領地的小領主（國人）納為家臣，從而在兩國確立了軍事上的霸權。

大內氏獨有的財源，是在南北朝戰亂的高峰期從周防國內莊園將年貢的一半當成兵糧加以徵收的「半濟」，以及從這時獲得的長門、豐前、筑前國直轄領（多半是從鎌倉幕府的御家人、以及親南朝的領主手中奪來的領地）徵收的年貢等。

上述的財源到十五世紀末都還存在。比方說延德四年（明應元年，一四九二年），當時大內家的家主大內政弘就以負擔上洛費用為名目，向豐前國規矩郡吉田保（福岡縣北九州市）的八幡宮、龍王宮領地一部分，以「借用」方式徵收了年貢

的一半（《戰國遺文大內氏編》七二二、七四二）。雖說是「借用」而非徵收，但實質上就是半濟。同年的十二月，他把借用的「半濟米」一石九斗五升進行了「收納」處理，從這裡也可以知道其實是徵收。

除了上述以外還有其他重要的財源，其中之一就是守護役。誠如其名，這是被任命為守護所獲得的權限，能夠以直轄領為對象徵收年貢以外的兵糧米（至於非直轄領的莊園等，則是因對象不同，屬於課徵半濟的範圍）。除此之外，負責搬運物資的人伕，也可以用守護役名目對百姓進行徵發。守護役有濃烈的補充軍需用途意味，和半濟一樣，是在南北朝內亂時代當成戰時臨時稅開始徵收的賦役。可是儘管內亂畫下句點，它們作為臨時稅的性質卻變得相當曖昧，幾乎每年仍然都會課徵。雖然對被奪取的一方而言這是難以忍受的事情（百姓就屢屢主張拒絕繳納），但對奪取方而言則是重要且經常的財源。當然，段錢也是重要的財源。

另一方面，他們也會徵收和農業以外經濟活動相關的各種役（關卡的通行稅＝關錢，港灣的使用費＝津料等），以及其他臨時的課役。

大內氏將這樣的徵收，總括地稱之為「公用」，至於納入的稅則是「公物」。公用照字面直譯，就是為了公共而使用。之所以這樣稱呼，或許是因為意識到前面所見的公事類稅目之故，而刻意強調稅是「為了公共的事物」，則是為了積極訴求自己屬於公權力，並主張在這種權限下徵收稅賦是具正當性的作為。

大內氏為了力陳自己身為「公」的存在，相當強調自己乃是侍奉朝廷的官員（在廳官人）出身，且相當執著於律令制意識下的支配體制。應仁之亂後，他們壓制了九州北部，試圖獲得領有該地的正當性，於是對朝廷強求大宰府的官職（大宰大貳、大宰少貳）（當然，這也有和代代世襲該官職的少貳氏對抗的意識在），還以律令制的文件樣式對九州的自身領地發布命令。他們也很執著於律令制下的行政單位——國、郡單位的支配，設置了自己的郡司、郡代、郡奉行，以此做為地域支配的核心。就連作為主要財源的段錢，也是交給以郡單位設置的負責人「段錢奉行」來徵收。

就像這樣，大內氏積極訴說自己支配的歷史正統性。他們應該是強烈感受到若不能被領民認知自己屬於公權力，就算擁有再強大的軍事力，也無法以正當權力者的形式任意為之（至少是無法持久）。由此可以得知，雖說是大名，但為了維持權力還是得絞盡腦汁才行。

大內氏之所以必須大力主張自己是公的存在，當然也是受到得經常進行戰爭動員的緣故所影響。將時代稍微往前回溯一點，在應仁之亂的高峰期，家主大內政弘上洛中的文明七年（一四五七年）四月，因為豐前、筑前兩國的「錯亂」，兩國的大內方勢力一時撤退到周防、長門國。為了挽回局面，大內氏以半濟的形式，向周防、長門兩國的寺社領徵收「兵糧料」（〈大內氏規章〉二二條）。

對於這次徵收，大內氏表示「實在是萬不得已下的痛苦決定」，希望作為徵收對象的寺社能夠理解。姑且不論這是不是真心話，一旦要進行戰爭就得經常在「國家安全」的名義下利用各種名目迅速進行徵收。可是，動用軍事力進行高壓式徵收也是無理。故此，徵收的成功有賴於力陳執行戰爭的正當性，而為了做到這點，就必須從平常開始，展現出自己身為公權力的樣貌。

對於年貢等經常性徵收，也有必要強調是為了公益而為之。雖是以公用的名目徵收各種賦役，但既然不是恣意徵收而是刻意稱為「公用」，那不用說，自然就有必要針對徵收方法訂立確切的規則。

「公用」的費用由領民自掏腰包

在大內氏領國，為了徵收公用，會派遣使節巡迴各地（這種使節稱為「本使」）。十六世紀初期，本使的日薪設定是一日五十文或米五升（如果是派代理人巡迴，則各為一半）。雖然這種日薪要由誰來支付是個問題，不過在使節巡迴之際都會事前告知各地，讓他們好做迎接的準備，因此日薪應該是由迎接使節的一方來準備才對。然而使節到來之後，並不是馬上就把公用繳納完畢，直到貢納整理完成還需要花上一些時間；在這段期間中，使節就得居住在當地等待貢納上繳。在這段居留期間也需要進行接待，因此接待方需要為最多三十天的居留，籌措稱為「自堪忍」的費用。這種「自堪忍」就相當於日薪；換言之，使節的居留費用也是繳納貢賦一方要負擔。然而，等待繳納貢賦的使節，也會有居住超過三十天的時候，這些追加費用，還是要由接待方負擔（〈大內氏規章〉一六〇至一六三條）。

雖然就像上述，領民的負擔相當嚴酷，但反過來說，正因如此，作為「公」進行徵收的一方也被要求遵守規則。按照規定，使節的非法行為會遭到嚴重處罰。比方說將作為公用繳納的金錢恣意中飽私囊、以徵收未完成為由任意延長居留時間，這樣的行為若是受到繳納方投訴，都會遭到處罰。之所以如此，是因為他們也有設想到，萬一徵收過於嚴酷、逼迫到領民生活的話，可能會導致逃散（逃亡）的情況。人民放棄生產逃亡，結果必定會動搖大名的財政，因此大名權力不能只是一味確保財源，推動安定領民生活的政策（撫民）也是不可或缺的。

三、北條氏的財源——新興領主的情況

在完全沒有地緣關係的土地上

接下來讓我們看看小田原北條氏（也有人稱為後北條氏，不過本書都稱北條氏）的狀況。北條氏以典型的戰國大名之姿，從以前就廣受注目，但和大內氏這樣歷經漫長時間建構起權力的勢力，在性質上其實頗為不同。在這裡，就讓我們回顧一下北條氏邁向繁盛的過程。

北條氏是十六世紀歷經五代約一百年間，稱霸南關東與伊豆國的大名。一般以

「北條早雲」之名廣為人知的創始者伊勢宗瑞（實名為盛時）生於京都，是世襲室町幕府政所執事（簡單說就是將軍秘書）的伊勢氏一族——伊勢盛定之子。宗瑞在元服後侍奉將軍足利義尚，他的姐姐北川殿則嫁給了駿河國守護今川義忠，所以他和東國也結下了緣分。今川義忠過世後，家中發生了繼承人的內訌；宗瑞為了支援姐姐的兒子龍王丸（後來的氏親），於長享元年（一四八七年）左右下鄉抵達駿河國，滅掉了敵對的今川庶家小鹿範滿，將氏親扶上家督之位。

成功達成任務的宗瑞一度回到京都，但在延德三年（一四九一年），以伊豆國堀越（靜岡縣伊豆國市）為據點的「堀越公方」足利政知（義政之弟）過世，爆發了繼承人之爭；政知之子茶茶丸違反了幕府意願，殺害了自己的弟弟。於是宗瑞為了討伐茶茶丸再度奔赴駿河。宗瑞一方面擔任外甥今川氏親的監護人，同時也在駿河國興國寺（靜岡縣沼津市）設立據點，成功放逐了茶茶丸。接著他把據點轉移到靠近堀越的韮山（靜岡縣伊豆國市），不再回到京都，而是以當地為根據地。就這樣，以伊豆為據點的宗瑞，在兼任幕府相關人士的同時，也介入關東的混亂情勢。結果在一四九〇年代後期，他排除了以相模國小田原（神奈川小田原市）為根據地的大森氏，奪取該地並轉移據點；從此以後，宗瑞就在關東開始形成霸權。接著在繼承宗瑞的嫡子北條氏綱一代有了大幅度的飛躍（冠上北條氏之名也是從氏綱開始），在關東建構起一大政權，不過之後的過程在此就省略不提。

北條氏是十五世紀末，從京都下鄉到完全沒有地緣關係的土地成為領主，一面行使軍事力，一面以武力排除敵對勢力，逐步擴大支配地。雖說他們是以和室町幕府與守護相關人士的身分下鄉，所以不能說是身無分文、白手起家，但他們確實是在沒有作為財源的自身領土情況下，從頭開始建立對地域的的支配。故此，他們要確保經常的財源，就得把征服地的舊領主權利徹底歸零，然後重新建構起對年貢等的收取體系。不過，在北條氏征服關東的過程中，也常把投靠我方的舊領主納入從屬之下。這些從屬的領主獲得承認，繼續支配自己的領地（安堵）（他們被稱為外樣國眾），至於北條氏與其直屬家臣（給人），則把討滅的敵對勢力舊領地，以及有名無實化的莊園等納為自身領地，以這些地方的年貢為財源。

檢地

接著，就讓我們來具體看看這套收取體系建構的模樣。將據點移往關東的伊勢宗瑞，在永正三年（一五〇六年）左右開始採取行動，作為核心的政策則是檢地。所謂檢地，是指在征服的新領地上，針對耕地與房屋建地等舊有的權利關係進行調查。透過檢地，各塊土地所能獲得的利益，主要以折錢的方式來加以數值化並記錄下來；這就是用來徵收年貢的地籍簿。

永正三年作為檢地對象的地域，可以確認有由家臣南條綱良支配、位在相模國西郡的「宮地」（神奈川縣湯河原町）（《小田原眾所領役帳》）。這時候的檢地是以小田原周邊為對象；之後隨著北條氏的領國逐漸從相模國東部，一路擴大到武藏國乃至上野國，檢地的地域也日益廣泛。在領國的擴大過程中，領內的寺社雖然持續獲得領地安堵，也不斷接受新的捐贈，但他們的土地也會採取經過檢地、重新給予領地的形式。

在中世，隨著漫長的時間經過，逐漸演變成一塊土地存在複數權利擁有者的複雜狀態。戰國大名的軍事壓制將這些權利全部歸零，並經由檢地設定新的權利所有者；換言之，檢地也具有將土地領有關係一元化、單純化的效果。對被徵收年貢的百姓而言，繳納對象變成單一也有助於減輕繁瑣的作業。

談到檢地，在歷史上最有名的事例就是一五八〇到九〇年代，由豐臣秀吉進行的所謂「太閤檢地」。太閤檢地不只是對舊有的權利關係，還對面積與耕作者全都進行實地調查，並將之以石高＝折米的方式加以數值化（只是，對於太閤檢地究竟徹底到什麼地步，現在有許多的異論存在）。然而，儘管有精粗之別，從太閤檢地以前檢地就已經在戰國大名間廣泛實施。永正三年伊勢宗瑞的檢地雖然很遺憾因為缺乏相關史料，無法明確瞭解其具體的作業程序，但是按照檢地的一般手續，大概是以下述的作業形式進行：

在檢地中，對土地資產價值的重估以及權利關係的整理自是當然，而把新開發、沒有被當成徵稅對象掌握到的土地（新田），以及被稱為「隱田」、逃漏稅的耕地加以檢出，還有確定因水災而淹沒的土地、以及因為其他災害或戰亂而荒廢的土地（通常稱為荒田等），這些作業也要進行。只是，伴隨測量的大規模實地調查實際上並不常實施。除非是被懷疑有廣大的隱田、令人覺得相當可疑的情況，一般而言都是提出過去使用的帳簿，並以此為基礎進行查核。因為提出舊有帳簿的做法稱為「指出」，所以這樣的檢地又稱為「指出檢地」。檢地的結果會編纂成將各塊田畝的面積與所有者（地主）表列成清單、加以記錄下來的帳簿（檢地帳），並保管在各個地域中。

因為土地的性質會隨著開發、改變和時間經過產生變化，所以每過一定的時間就必須進行重新檢地。在北條氏綱交棒給北條氏康的天文十年（一五四一年）到第二年左右，也進行了檢地。當時檢地的情況，從相模國西郡下中村上町（神奈川縣小田原市）的檢地帳（《戰國遺文後北條氏編》）中可以一窺端倪。根據這份檢地帳，在列出個別田畝面積與地主（也有實際耕作者為別人的情況）後，末尾則將田畝別全部彙總、記載面積，再以此為基礎算出稱為「分錢」的評價額。這個數值是：一塊面積十四町一段三十步的田地，分錢為七十貫五百四十二文；一塊面積二十七町五段五十步的旱田，分錢則為四十五貫四百文。以一町等於時段、一段等於三百六十步來算（順道一提，一步約等於現在的一坪，也就是三點三平方公尺），田地一段為五百文；旱田一段則為一百六十五文。這個數值在領內其他的檢地大致也是同一基準。不過，也有一部分不在此限的鄉村，各鄉村對土地生產進行的判斷會產生顯著的差距。

另一方面，即使是從守護演變而來的戰國大名，在接近十六世紀中葉也開始明確呈現出對領國內進行檢地、好使自身支配一元化的動向。具體的例子，可以舉出駿河國的今川氏與甲斐國的武田氏。以今川氏的例子來看，天文二十一年

（一五五二年），在駿河國泉鄉（靜岡縣清水町）實施了檢地；透過這次檢地新判明的土地（增分），相當於米兩百俵的知行（《戰國遺文今川氏編》一一二八）。就像這樣，過去的守護也開始對領國內中央各領主的支配權予以否定，並將之納入自己的支配地中。

用錢繳納

讓我們回到北條氏的事例。透過檢地確定的土地評價額，以貫高＝折錢的方式記載在帳簿上，並基於這個數值課徵年貢與其他各種賦役（稱為「貫」高，是因為錢一貫文＝一千文之故）。換言之，貫高的基準雖然是田一段＝五百文，但這個數字並非年貢的繳納額本身。事實上按照每年的收穫情況會有折扣，並扣除年貢以外的各種賦役。比方說，年貢以外負擔的各要素以折錢的方式數值化，再以「公事免」的名義加以扣除，但其額度固定為貫高的十分之一。除此之外，也有依許多名目進行扣除的案例。扣除掉這些部分之後的金額，以北條氏來說，就是直接作為年貢的繳納額（定納）。在這一點上，太閤檢地則是扣除之後再打折來決定實際繳納的年貢（米）量，兩者是不相同的。

北條氏的收取真的相當苛酷嗎？田一段＝五百文的基準究竟是到怎樣的程度，讓我們試著參考現在的價值來進行比較。就像開頭定義的，當時的錢一文價值約為現在的六十到七十日圓，所以五百文就相當於現在的三萬日圓多一點。參照農林水產省發表的「平成二十七年產水稻的平均年收量」[1]，現在的平均年收量是十公畝（約一段）五百一十七公斤左右（米一石是一百五十公斤，所以現在一段的米收穫量為三點四石）。現在的米（糙米）的批發價格是一公斤五百日圓左右，所以五百一十七公斤就是二十五萬八千五百日圓。因為現在生產性有飛躍性上升，所以完全是僅供參考，但如果年貢是一段＝五百文≒（現在的）三萬日圓，則以將近二十六萬日圓的收入來看，稅率大約是百分之十多一點，姑且算是不那麼苛酷的基準。

貫高制的功過

順道一提，當時在計算土地評價額的時候，大多是適用米一石＝錢一貫文這種非常單純的固定折換比率（也就是和實際行情價不同）。另一方面，太閤檢地中上田（生產力高的田地）的基準，則大多是一段＝一點五石（但這裡的一段是三百步，和北條氏的三百六十段不同）。以此單純套用的話，則太閤檢地的等級是一段＝一點五貫文；就數字上而言，豐臣秀吉時代的負擔實際上達到了北條氏的三倍。這樣一想，太閤檢地從石高進行相當數量的折扣再徵收年貢，也是理所當然。順道一提，三倍這個數字是思考十六世紀下半葉時重要的數值，所以請務必牢記。

北條氏之所以採用貫高制，是因為重視以貨幣記載價值的便利性、以及直接收取貨幣理所當然的效率性。但是這樣的結果是，在以米穀生產為主要產業的當時，作為生產者的領民隨著價格變動，收支也受到很大的影響。儘管十六世紀下半葉，貨幣的流通狀況開始出現問題，北條氏依然強行收取作為貨幣的錢，於是和領民間爆發了不少糾紛。

引進貫高制的結果，家臣們的領地也透過貫高被數值化，從而成為戰時軍役負擔的基準。換言之，貫高的多寡，決定了從軍士兵與裝備品等準備的多寡。話雖如

1 http://www.maff.go.jp/press/tokei/seiryu/150331.html，二〇一七年十二月二十七日閱覽。

此，就結構而言，這樣的負擔卻不是加諸在家臣本人，而是以年貢形式轉嫁為領民的負擔。故此，圍繞著負擔的狀況，大名、家臣、領民之間經常處於緊張關係，這點是不可忘記的。

順道一提，就像先前的北條氏康檢地是以改朝換代為契機，「再檢地」一般來說，都是在改朝換代的時候施行。以改朝換代為契機，領主將政策徹底刷新，或者領民反過來要求領主改變政策，這類行為是中世廣泛可見的一種習慣。在社會認知中，這樣的革新是更好的政治、也就是「德政」的開始。在這當中也有領民會直接攤牌，要求把舊領主時代發生的權利關係（特別是借貸關係）全部歸零（一筆勾銷）。

在戰國時代，檢地成為改朝換代的象徵性政策；為什麼會這樣呢？雖說檢地的結果多半是透過這種手段，揪出一直以來逃稅的田畝，並將新的負擔強加於所有者身上，但另一方面，它也是將已經荒廢的耕地正式承認為荒廢地的契機，於是也有讓所有者減輕負擔的情況在。檢地對領民來說或許會有若干期待，期望能藉著「德政」的實現，來達成負擔的減輕（雖然這樣的期待大部分都遭到了背叛）。當然作為「德政」實施的政策，也會有斷然進行減稅等意圖更明確進行撫民的手段存在。

北條氏之後也曾經實施過意在撫民的「德政」，而這讓北條氏的財政也產生了很大變動。

稅制改革

讓我們把話題轉回財政上。誠如上述，透過檢地算出土地的評價額，並以此數值為基礎來決定年貢的繳納額與軍役的負擔比例；在這種狀況下，大致的稅制得以確立，但我們不時可以見到變更稅率等稅制改革被端上檯面。以北條氏為例，天文十九年（一五五〇年）四月北條氏康就進行了一次廣為人知、徹底的稅制改革。接下來就讓我們看看這次改革的目的與內容。

改革的目的是為了改善領民的生活環境。根據相關史料，是因為「國中諸郡衰退」，所以要「赦免諸鄉公事」。雖然年貢不是免稅對象，但因為已經到了逼迫領民生活的地步，所以要免除公事（段錢、棟別錢）（《戰國遺文後北條氏編》三六五至三七二）。從這時起，這類政策就被稱為「公事赦免令」。

為什麼當時領民的生活，會陷入如此窘迫的地步呢？從政治情勢來看，天文十五年（一五四六年），北條氏在武藏國河越（埼玉縣川越市），擊破了主要從武藏國北部往上野國周邊伸張勢力的上杉憲政等人（這場戰役以「河越夜戰」等稱呼而著名），為了爭奪關東的霸權，頻繁進行軍事活動。正因如此，所以才會導致領民負擔過重吧！

另一方面，也有見解重視這時候發生的災害。在進行改革的前一年，也就是天文十八年（一五四九年）四月，關東發生了地震。因為堤防潰堤等因素，地震的影響造成這年的收穫陷入歉收。在這種情況下，無法維持生計的百姓逃亡日增，因此透過改革緩和百姓負擔，重建他們生活的必要性就應運而生。只是，這種改革並不單單只是為了緩和負擔的目的，也是重視軍事活動的維持。讓百姓生活安定、確保安定財源，大名方面的意圖其實蘊含了軍事上的考量，這點我們也不能忘記。

當時免除的公事當中，也包含了勞動方面的服務（諸役）。具體來說，為了普請（公共事業）和戰時物資輸送（後勤）而徵發、稱為陣夫役的勞動義務，以及軍需物資（木材或竹子等）的實物繳納，也成為緩和的對象。一直以來在徵收年貢時，會將貫高的一成以「公事免」的形式從貫高中加以扣除，但就算這樣負擔也絕不輕鬆。

在這當中特別成為問題的是陣夫役。因為戰時會驅策百姓來進行兵糧搬運等任務，所以軍事活動的活躍會直接增加百姓的負擔。稅制改革的背景是軍事活動的增加，這樣的見解正是意識到了這種狀況。

從改革前課徵的勞役具體數字來看，普請（大普請役）的場合，村中的貫高每二十貫文一年要出一人服役十天，物資輸送（陣夫役）則是貫高每四十貫文要出一人，一次戰爭要服役十時到二十天。徵發方面，並沒有太過意識到百姓的負擔，所以常常沒有規矩遵守上述的原則，而是進行超過必要的徵發，結果讓百姓陷於深深的疲敝之中。凡此種種，都是讓大名下定決心改革的問題。在組織上層不清楚的情況下，中間階層擅自將過重的負擔強加於第一線，導致末端陷入無意義的疲敝，結果會使得整個組織陷入動彈不得的泥淖。對中間階層而言，毫無疑問會想要比同位階的競爭對手更搶先一步獲得功績。這種組織的實態，對生在現代日本的庶民而言也是極為貼近自身的狀況。

各式各樣的減稅策略

到這裡為止，我們敘述了年貢與勞動服務，但段錢和棟別錢當然也是重要的財源。年貢除了直轄地以外，基本上都會成為各自被賦予知行的家臣收入，但段錢、棟別錢則是作為大名獨有的財源來徵收，所以對大名本身的經營而言相當重要。天文十九年以前的北條氏，除了年貢、段錢、勞動服務之外，也會對耕地以外的房舍進行課稅，徵收棟別錢。段錢在北條氏也不是臨時稅，而是經常的賦稅，其稅率和年貢一樣是依據貫高，田地一段要課徵五十文（旱田不在此列）。棟別錢以北條氏的情況來說，是按照屋子正面的寬度來決定稅額（實際上跟地口錢相同），每一間[2]為五十文。棟別錢是針對城下町等課不到段錢的房屋用地來進行設定，因此其目的是要向從事農業以外產業（手工業與商業）的人們進行課稅。

在天文十九年的稅制改革中，段錢與棟別錢也獲得減稅。段錢從貫高的百分之十（一段約五十文）減少百分之二十，成為一段約四十文；棟別錢也從一間五十文減成三十五文（減稅百分之三十）。段錢、棟別錢的稅收減少了兩到三成，必會造成相當的衝擊，因此可以評價為相當毅然的減稅政策。因為當時的北條氏正值領土擴大的「成長期」，所以對總收入的影響比較小；或許正是因為這樣，才有可能做出如此斷然的減稅行動，換言之就是拜高成長所賜吧！然而，在弘治元年（一五五五年），出現了段錢反過來增稅等普通方式行不通的手段。由此可知，北條氏會因應領國經營的狀況，不時調整稅率。

勞動服務在天文十九年的改革中一齊免除之後，也從經常稅收中加以廢止。雖然戰時等緊急時期必要的普請、陣夫役等仍照舊留存，但大多不是直接進行勞動服務，而是變成一年每貫高繳納百分之八「夫錢」的制度。雖然普請和戰時的緊急陣夫等會動員起來，但透過以上的改革，百姓的勞動負擔還是明顯獲得了減輕（至於總動員體制，只有在與豐臣秀吉對決的最末期才施行）。

北條氏的這些減輕政策，其意圖一方面是作為龐大戰時負擔的擔保，將獲得的成果歸還給領民，另一方面也是為了化解耕作時勞動力不足，導致收穫量降低的問題。軍事活動的運作，不用說自然是要基於領民的安定與維持生計，著實進行再生產來獲得保證。讓領民安定的再生產，這種作法稱為「成立」，而北條氏的改革正

2 日本古代度量衡，一間約為現在的一點八公尺。

是重視「成立」的政策。

可是，正如反覆強調的，所謂的改革當然不只是自始至終都只著重在減輕納稅者的負擔上。雖然勞動服務事實上廢止了，但另一方面又增設了新稅，那就是對於過往一直屬於段錢課徵對象外的旱田，進行課稅。這種與年貢有別、每年徵收貫高百分之六的新稅，稱為懸錢。透過年貢以外的課稅，以及田有段錢、旱田有懸錢，除此以外的房舍等用地則有棟別錢，如此便完成了一套賦役體系。

四、織田氏的財源——從守護被官出發的情況

以守護代職務為踏板

在尾張國擴張勢力的織田氏，其出身有很多不明之處，不過可以確認的是，他們在古早時候曾經是越前國織田莊（福井縣越前町）的莊官。在室町時代，他們隸屬於擔任越前國守護的斯波氏。斯波氏是和足利將軍家血緣最近的一族，因

為是幕府的重鎮，所以負責扼制東國方面的要衝，除了越前國以外，也擔任尾張國的守護。織田氏也以守護代的身分移居尾張國，慢慢地被賦予了該國實質的統治權。

正如眾所周知，織田信長本身雖然是尾張國守護代織田氏的一族，卻是出身旁支的家系。不過在他的父親織田信秀一代，在尾張擴張成一大勢力，信長也趁著這股勢頭壓制了該國。永祿三年（一五六〇年）的桶狹間之戰，信長斬殺今川義元的事，不用說相當有名；這起事件不只讓東海地域的政治情勢為之一變，也是一場決定信長在尾張國內霸權的戰爭。

那麼，織田氏的財源是怎樣一回事呢？很遺憾的是，直到十六世紀為止，其具體情況幾乎無從得知。一般的守護代，大多是自室町時代乃至更久以前，就在當地擁有代代傳承領地的領主，即使是戰國時代，以這些領地為根本財源的家族也很多。可是織田氏原本不是出身在尾張國，信長的家系更是織田氏的支流，因此他們是如何在尾張國內形成作為財源的領地，我們實在不太清楚。推測的情況是，邁入戰國時代後，守護斯波氏在尾張國幾乎喪失了影響力，室町時代斯波氏形成的領地，因此被織田氏一族瓜分繼承並統治。此外，織田信秀、信長父子在討滅國內敵對勢力的過程中，也會把這些敵人的領地納為己有。

雖然和織田氏沒有直接關聯，不過從天文七年（一五三八年）尾張國內土地買賣的證明文件（賣券），可以一窺尾張國內的稅制。這份證明文件是以四貫文賣掉一段田地的證明，這塊田地每年的賦役是「公方的年貢」一百文，段錢等各種役錢三十文，合計一百三十文，這些都要繳納給「御屋地之方」（《愛知縣史》一〇－一三三〇）。「御屋地」可以想成是主人的意思，因此大概就是指這塊土地的領主。如果織田氏也同樣採用這種賦役，那年貢就是以田一段一百文、段錢為其三成來課徵。和北條氏的事例相比，負擔稍微重了一些，但與其單純說是尾張國的稅賦過重，不如說是因為尾張國和關東的環境因素，導致了收穫的差異。

織田信秀被認為是在壓制面對木曾川、作為水陸要衝的津島（愛知縣津島市）後，以當地的商業課稅為基礎，逐步擴大勢力。之後的信長也有執著於都市直轄化的故事；之所以如此，或許是因為他們不具備足以期待年貢收入的領地，所以才注目在商業課稅上吧！

對商業課稅的注目

以下這份史料呈現了織田信秀與商業之間的關聯。天文八年（一五三九年），信秀以獲守護代織田達勝授意的形式，對尾張國熱田（愛知縣名古屋市）的加藤延隆，發出了認可其免除諸役的商業特權許可證（《愛知縣史》一〇－一三三七）。加藤延隆是身兼領主、也進行商業活動的人物，一般認為他是信秀的御用商人。信秀之所以賦予這種特權，禮金的回報自不用說，獲得特權的商人在這之後能夠透過商業活動上繳種種的好處（賄賂），也是他所期待的。簡單說，透過支配流通據點與門前町等都市，壟斷賦予商人在此活動的特權的權限，並以此獲得作為對價的上繳金錢，就是重要的財源。

事實上，因為手頭相當闊綽的緣故，信秀不只捐贈金錢在伊勢神宮的遷宮用途上，天文十二年（一五四三年）還為了修建皇居，向朝廷獻上錢十萬疋（一千貫文）的鉅額金錢（《御湯殿上日記》同年四月三十日條）。父親信秀的這種活動，信長毫無疑問都看在眼裡。

然而，支配商業城鎮並不總是只有好處、沒有壞處的事情。天文九年（一五四〇年）就發生了津島的鎮守——津島社的神主，因為還不出錢而逃亡的事件。擔心祭祀因此停滯的織田信秀，為了讓神主回歸，於是出面請求債主協助，希望他們能暫時保留擔保的流當品（《愛知縣史》一〇一三九三—一三九五）。除此之外，在商業地域因為交易而發生的糾紛頻仍，處理這些也是領主的責任與義務，故此，支配都市也有相當辛苦的一面。雖然只是想像，不過後來在安土建設起城下町的信長，在年幼的心中或許已經學起了父親的樣子。

關於織田信秀的領地支配，在他與今川義元在三河國激烈爭鬥的天文十八年（一五四九年）十一月，終於得以略為窺見一斑。這一年，他任命家臣祖父江秀重為尾張國中島郡內八個地點的代官；這時候，大家都認為之後會針對這些土地，另外安排「給人」（被賦予領地的家臣）（《愛知縣史》一〇一一七一三）。換言之，在這個時點，這些土地變成了信秀的直轄支配領地（但結果土地並沒有賜予「給人」，而是持續作為直轄地被信長所繼承）。這位管轄直轄地的代官祖父江秀重，之後從信長手中獲得免除一艘「俵子船」（物資輸送船？）諸役的權利（《愛知縣史》一〇一一九五一）。和熱田的加藤延隆一樣，祖父江應該也是長於商業活動的人物吧！由此可以窺見，信秀是採取委託對商業敏感的人物來經營直轄地的政策。

另一方面，同一個月織田信長對熱田的八個村發出公告（制札），這些村莊因為要負擔營造熱田社的「人足」（勞動力），所以作為代價，可以免除尾張國內一律課徵的棟別錢（《愛知縣史》一〇—一七二四。這是現存由信長發出最古老的文件）。

正如前面已經提到的，如果不是守護，是沒有徵收段錢與棟別錢權限的。織田信秀、信長之所能這樣做，就像先前所見賦予加藤氏特權的情況一樣，是以守護代的代官自我標榜。換言之，他們是利用守護代與其背後的守護斯波氏權威，作為自己權與利的來源。

「一職」支配＝權利的一元化

在桶狹間獲勝的織田信長，在永祿六年（一五六三年）將根據地轉移到小牧城（愛知縣小牧市），並針對「國中闕所[3]」發出命令（《愛知縣史》一一—三〇八）。這可以視為是將莊園等中世建構起來的種種權利，全部予以歸零的政策。簡

3 所謂闕所，指的是領主懸而未決的土地、或是遭到沒收的土地。

單說，就是將包含新支配地在內的土地所有權利關係都加以歸零，在信長轄下權利一元化，轉為直轄地，然後再重新分配給家臣。這種對中世土地權利關係的否定，可以說是中世土地制度根幹——莊園制的解體。從這裡開始，信長就獲得了「否定中世的權力者」的評價；姑且不論此評價是否公允，以上這種對土地關係的再整理，毫無疑問支撐起了飛躍期的信長財政。

時序再往下一點，我們可以從元龜三年（一五七二年）十一月徵收段錢的事例加以確認。信長針對過去由祖父江秀重擔任代官的直轄地之一——尾張國中島郡西御堂方（愛知縣一宮市），收取了相當於段錢十貫文的黃金五兩（《愛知縣史》一一—八三二）。這塊土地已經是祖父江氏的「持分」，所以不再是直轄領，而是給予祖父江氏的土地。換言之，當地的百姓是把年貢繳給祖父江氏，段錢則繳納給信長。我們得知西御堂的貫高是五十貫文，而年貢的繳納額又得從貫高中扣除一部分，因此段錢占了超過年貢兩成的比例。就像先前信秀時代的事例中所見，果然織田氏課徵的段錢在比率上稍微高了一點。雖然多少有點牽強，但是這種比較重的稅賦負擔或許也撐起了織田氏的霸權。

此外，先前看到對「國中闕所」土地權利的接收，在這之後也成為撐起信長權力的重要政策，而作為其象徵的術語，就是「一職」。放逐足利義昭之後的天正元年（一五七三年）七月，信長認可長岡藤孝（細川幽齋）對山城國桂川以西的「西岡」地域（京都府長岡京市、向日市等地）進行「一職」支配（《增訂織田信長文件之研究》三七五）。「一職」指的是將地域內的一切統治賦予委任；透過這樣的權限，長岡藤孝可以接收領內產生的闕所地（敵對勢力的舊領地等），並將之分配給自己的家臣。就像這樣，對支配圈擴大下闕所地的接收，成了信長強大權力的泉源。信長雖然屢屢被說成是破壞舊有秩序的「革新者」，但他的財源基本上是透過從舊有勢力手上奪取權利，從而建構起來的，因此對舊秩序的破壞可以說是必然之事。

這種「一職」的賦予，也同樣在天正元年消滅朝倉氏與淺井氏後的戰後處理中進行。該年八月消滅近江國的淺井氏後，淺井的舊領地成為羽柴秀吉的「一職進退」（《信長公記》）。透過這種授予，秀吉在該國長濱（滋賀縣長濱市）設置根據地，這是廣為人知的事。朝倉氏的領國越前國在該氏滅亡後發生了一向一揆，需要時間平定，但在天正三年（一五七五）終被鎮壓下來。於是，柴田勝家奉命「委任管理」越前國（《信長公記》）。這裡的「委任管理」和「一職」大致是相同的意思。

話雖如此，信長也不會給予家臣連他自己都無法介入的獨立統治權和領地分配權限。實際上，即使是賦予「一職」的地域，信長也會自行設定自己的直轄地，並直接給予他直屬的家臣新的領地（知行），被賦予「一職」的家臣則有執行的義務。

故此，「一職」的家臣，其實只不過是被委以織田領國中的行政，受到君臨全體領國的信長完全委任，並非自律的「大名」；換言之，他們並沒有被認可到足以進行自由政治行動的地步。隨著放逐足利義昭，信長直接吸收了室町幕府的統治機構；因此，被賦予「一職」的家臣在各個地域當中，其實是扮演起類似幕府下守護的角色，這樣掌握或許就容易理解了。

就這一點來說，信長的權力與其說是徹底從白紙構想出來的革新事物，不如說是吸收舊有的統治機制、並加以改良運用的形式，這樣想或許比較恰當。對於這種現實的對應，我們反而應當給予積極的評價；畢竟，徹底破壞舊有制度強行展開社會變革，造成社會整體瓦解的風險相當大。毋寧說，信長的成功並非破壞一切秩序，而是配合社會情勢進行具現實性的改良，這樣思考方為妥當。

第三章

戰國大名的平時支出

戰國大名若以組織來看，是十分明顯的軍事組織，進行戰爭獲得勝利是最優先的事務。可是，他們並不僅僅是執行戰爭的組織而已，和反覆展開掠奪、猶如強盜般的粗暴集團是完全相異的。戰國大名是一種同時也要對支配地、也就是領國進行「經營」的組織；因此，平時他們也得進行維持領國民眾生計的活動。在盡可能收取稅賦的同時，也有作為對價的一面。

基礎設施的整飭與維持管理就是領國經營的代表性活動。擴大耕地的開墾、耕作必須的水利（儲水池與渠道）整飭、防備災害的治水、以及受到災害時的復興作業等，都在此列。

領國經營並不只限於生產活動的相關事項而已。為了運送各式各樣的物資，道路的維持管理在軍事層面上也很重要，作為領國經濟中心的城下町整飭，也是不可或缺。中世的流通是以河海的水運為主，所以擁有水運據點的大名，也要對此進行維持管理。

大名還有別的支出。為了安定自己的權力基礎，並且搶在對手前面，有必要維持和朝廷、幕府的圓滿關係。要達成這點，不可或缺的就是獻金，說白一點就是賄賂；這方面的支出也不能無視。接下來就讓我們看看實際的情況。

一、道路與港灣的維持管理

關錢與津料

不管是哪個時代，道路都是經濟活動不可或缺的要素。道路如果不定期維持管理就無法保持機能，一旦發生災害也必須進行恢復工程。若是發生戰爭，士兵與物資的輸送也不可或缺，因此，道路是攸關戰國大名存亡的重要事物。

話雖如此，大名自身要對領國內的道路進行一元化管理其實相當困難。實際上他們採取的的方式是，把附近的道路委託給領內各村鎮維持管理。可是如果無償強制勞動，很可能會遭到破壞行動，從而無法進行充分的維持作業，因此要賦予各個村鎮，以通行稅形式對用路人徵收對價的權利。又或者，也有賦予領內寺社通行稅的徵收權、委託他們進行管理的情況。因為在徵收通行稅的場所會設置關卡，所以這種通行稅就稱為關錢。

實際的關錢是多少金額呢？雖然是有點古老的例子，不過在明應三年（一四九四年），越後國守護上杉房定（後來出現上杉謙信的長尾氏為其守護代）

制定了關錢的徵收規定。根據這項規定，人一人份三文、馱馬一匹搭載的鐵二十文、馱馬一匹的米則是十文（《中世法制史料集》第五卷二一四）。如果不考慮多帶行李，那麼換算成現代的價值，人和馬搭載的貨物合起來大概是幾千日圓。雖然個別的金額不算太多，但積沙成塔也是可觀。

可是這種關錢有時候會反過來阻礙流通。於是想要吸引更多商人前來領內的戰國大名就會實施「改革」，撤廢關卡以激勵商人。他們的目的當然是要在商人爭奪戰中，搶先近鄰的敵對大名一步。可是對手為了對抗，當然也會撤廢關卡，因此各地的關卡就陸續被撤廢了。比方說織田信長率先免除關錢，就是廣為人知的事例。

只是，關卡撤廢後，村子還是必須收取維持管理道路的報酬，因此有必要提供他們相應的回饋。雖然史料上並沒有明確記載，不過應該是採取年貢等的減免措施才對。話又說回來，對領內的人們而言，關卡撤廢能讓流通成本下降、物資容易入手，且自己行動的時候也不用被收取關錢，因此他們自己大概也會認為以間接形式回饋就很足夠吧！

在四面環海的日本列島，水運比起陸運更加發達；特別是在西日本，瀨戶內海具備了水運大動脈的機能。對大名而言，控制水運的據點極為重要。具體來說，船隻停泊的港灣很重要，不只有眾多商船往來，也有負責卸貨和管理倉庫的業者（問丸）在活動。作為流通據點的港灣，從戰國時代以前就是權利的對象，會從停泊在港灣的船頭（船長）那裡徵收使用費（津料）。在戰國時代，作為港灣管理的回饋，大名也會認可領內寺社對津料的徵收權。此外，港灣並沒有像道路那樣競爭激烈，所以和關錢不同，津料並沒有全面免除。

二、土地開發、築城、治水

城下町的建設

不論古今，土地開發都是重要的經濟政策。戰國大名也一樣從事未開拓地的開發與荒地的重新開發。除了農地以外，也可以舉出城下町的建設，但關於城下町，後文織田信長在安土築城的章節會提及，所以在這裡先舉北條氏的事例。

武田氏滅亡後的天正十年（一五八二年）十二月，家主北條氏政的弟弟北條氏照為了讓武田氏舊臣、稱為宮谷眾的人們，移居到自己領地內的武藏國立川（東京都立川市），下令開發該地。這塊土地雖是「荒地」，不過氏照開出了條件，開發的人可以將土地據為己有。另一方面，他也讓該地建立宿（旅店），並免除宿的各項稅賦（《戰國遺文後北條氏編》二四五八）。就像這樣，戰國大名給予誘因拉攏前來領地內的新移居者，讓他們開發未開發的土地，並給予免稅特權，讓旅店等商業地帶新開發起來。

旅店地帶大規模化之後，就形成了城下町。十六世紀（特別是下半葉），日本按推估正處於人口增加的局面，因此各地都在拉攏新居民，開發也變得相當活躍，上述的事例就是這種典型的案例之一。對於敵手眾多的戰國大名來說，該如何用充滿魅力的條件獲得新住民，這種拉攏作戰可說相當熾烈。

對大名而言，最重要的設施大概就是城了吧！不過，隨著時代和地域狀況等條件，城的規模各有不同，築城（普請）與維持的經費也有差異。此外，在築新城時，把一度廢城的城重新加以整飭再利用的案例，也是屢見不鮮。在這裡，作為既存城池改建的事例，我們可以列舉長濱城和江戶城的案例，來試著推估其經費。另外，以朝倉氏的一乘谷（福井縣福井市）為代表，戰國大名建設城下町作為自己領國的首都，這樣的例子也廣為人知；不過，雖然町割（區塊整理）是由大名進行，住居當然是各居住者自行建設，大名不會為此支出費用。在進行町割、有必要進行土木工程的時候，大名應該也會動員勞動者展開作業才對，但很遺憾的是，因為沒有留下呈現這方面的具體史料，所以我們無從清楚得知其實際狀態。

築城的作業員稱為普請役，基本上雖是由家臣與百姓無償服務，但也有以雇用型態支付薪金的情況在。天正二年（一五七四年）六月，羽柴秀吉在淺井氏滅亡後被賜予的近江國今濱（後來改稱長濱）進行城池普請之際，要求作業員有各自攜帶工具（鋤、鍬、土筐等）的義務（《豐臣秀吉文件集》八八—九〇）。這時候雖然有支付「一日雇用」的工資，但築城所需的工具大名不會在事前預作準備。

雇用作業員的資金大概到什麼程度呢？正如前文所述，在十六世紀初期的大內氏領國，對徵收稅金的巡迴使節，每天支付的額度是一日五十文或米五升（〈大內氏規章〉一六〇—一六三條）。只是這個數字一定比較便宜，理由是比起日薪，這算是一種津貼。在中世，一般每日雇用的薪金推定為行情價一天一百文。按照這個價格，我們可以用每人一日一百文來推估。只是在一五七〇年代，正如後文會提及的，錢的價值有相當變動，因此實際上除了米之外，也有很多時候是以金銀來支付。

那麼，普請大概會動員多少人數呢？永祿八年（一五六五年）八月，北條氏為了進行武藏國江戶城（東京都千代田區）的普請，發出了定書（規章）（《中世法制資料集》第五卷六〇三）。前一年，北條氏和在房總半島擴大勢力的里見氏於下總國國府台決戰，獲得勝利，成功鞏固了武藏國的基礎。作為基礎建設層面的關鍵事務，江戶城普請對北條氏而言是相當重要的事項。

根據這份定書，江戶城普請每天要雇用四百八十多人，預計進行十天的作業，合計人數為四千八百二十人次。因為這是在對隨意缺席和怠工嚴格控管下規定出來的數字，所以作業員處於相當嚴苛的環境之中。假定每人每天一百文，那麼這次普請的人工費用就是四百八十二貫文。雖然正如前面提及，大名不見得會支付這筆錢，但成本大致可以如此估算。換算成現值就是三千萬日圓左右。此外，戰國時代城的普請，直到十六世紀中葉都是以建築土壘等的土木工程，再加上木造的櫓（望樓）等防禦設施之整飭為中心，因此江戶城的普請，基本上應該也是以土木工程為中心。

安土城的建設費是多少？

可是在邁入十六世紀下半葉後，眾所周知，具有石垣和天守的大規模城池開始建築起來，其中的代表性例子，不用說就是安土城（滋賀縣近江八幡市）了。《信長公記》中記載了安土城築城的具體內容，我們就以此為依據來推估它的經費。

天正四年（一五七六年）正月，織田信長命令家臣丹羽長秀開始建造安土城。據說作為褒獎，長秀獲賜了著名的茶碗。信長是出了名的經常把名貴茶具當成獎品贈送給家臣，如果把這些也加進經費的話，那總金額還要提升許多。除此之外，他也會給予築城有功的人很多御服、金銀、唐物（來自中國的舶來品）。具體的金額很難估計，但總額應該不會低於錢數百貫文才對；換算成現值大概是以億為單位吧！

安土城普請中重要的就是石垣的堆砌了。從安土周邊的山上至少搬運了三千塊石頭前來；搬運的人員動員了一萬多人，花了三天把石垣堆砌起來。即使以一日一人一百文的薪資來計算，總計約三萬人次的經費也要三百貫文。換言之，光是堆砌石垣的人工費，至少以現代的價值來說，就達到兩千萬日圓左右。

安土城普請的最大亮點，不用說自是絢爛豪華的天守。內部裝潢是由當代著名的工匠與繪師擔任，除此之外也召集了京都、奈良、堺的木工與工匠，還有專門燒瓦的唐人（中國人）來燒出唐樣（中國風）的瓦。

安土城天守合計使用了四百七十九根柱子，其中大部分的長度是八間（約十四點四公尺）、直徑是一尺五寸（約四十五公分）。非常遺憾的是產地並不明確，不過據推測應該是從近江周邊信長的領國內運來的。當時的木材價格是以長度來決定，松木的情況是一間一百文（《教王護國寺文件》二七三八）。以此為參考的話，八間的木材是一根八百文，四百七十九根就是三百八十三貫兩千文；換算成現代價值大約是兩千五百萬日圓左右。全部是購入的情況下，至少需要這樣的金額；如果是杉木的話還有可能會更高。

因為先前提到的燒瓦工匠，以及負責設計與建築指揮的木工等技術人員，都不能無償召集，所以應該是以日雇的形式支付報酬。金額雖會隨作業內容與熟練度而有不同，不過京都的木工有一天支付黃金一兩的例子（《兼見卿記》元龜四年（一五七三年）五月三日條）。當時的黃金一兩約當於錢兩貫文（約現值十二萬到十四萬日圓）。織田信長的撰錢令規定金一兩＝錢一貫五百文（約現值十萬日圓），但這和實際行情價比起來，黃金要便宜一些。因為安土城的築城至少需要將近一年，如果要長期雇用數十人等級的技術人員，那成本就相當可觀。假設雇用五十名技術人員一年（工時三百六十天），以每人一天兩貫文來算，總額就要三萬六千貫文。這即使在當時也相當高昂，換算成現值相當於二十三億四千萬日圓。當然因為有休假日，所以實際金額或許不到如此，但就算這樣，也已經相當於現在建造一棟大樓的人工費用了。

末端的勞動者基本上雖是無報酬，但也還是要提供為數可觀的糧食才行。戰時每人每天要提供大約六合的糧食，以此套用到築城上，以一萬人估計，光是一天就要六十石米。以米一石平均錢五百文，一天的成本大約是三十貫文（換算成現值為兩百萬日圓左右）。雖然要算出參與築城的整體勞動人次有困難，假設一天平均一萬人、築城三百六十天，那就需要兩萬一千六百石（錢一萬八百貫文），換算成現值約為六億到七億日圓。雖然要估算信長當時手頭年貢米的總量有點困難，但應該占了其中不小的比例。這樣總計起來，安土城的築城至少需要現代價值三十億日圓以上。再考慮到他不惜費用，投注在豪華絢爛的內部裝潢，總經費搞不好會達到將近一百億日圓。以當時日本不到現在百分之一的經濟規模，這毫無疑問是破天荒的大工程。

信玄的治水工程

提到戰國大名所從事、築城以外的基礎工程代表例子，很多讀者大概會浮現出治水工程吧！在這當中，在富士川上流的釜無川與御敕使川匯流點，由武田信玄建築的「信玄堤」（山梨縣甲斐市）特別有名。關於這座當時稱為「龍王川除」的堤防，同時代有許多的史料。永祿三年（一五六〇年）八月，武田信玄對在龍王川除建造房舍的居住者，發出免除一切棟別錢的通知（《戰國遺文武田氏編》七〇二）。這是透過提供優惠措施讓人居住在堤防上，好讓堤防加固的手段。從更廣的意義來說，雖然這對大名而言也是收入，但棟別錢每年不過收一棟一百文，就整體收入而言並不算太高。此外，在永祿六年（一五六三年）七月，武田氏也動員了釜無川流域的住民來進行修築（《戰國遺文武田氏編》八二七、八二八）。

讓我們來看看武田氏的其他事例吧。永祿十二年（一五六九年）六月，信玄對信濃國小河鄉（長野縣喬木村）與牛牧南鄉（長野縣高森町）的居民，發出因為

「水損」要進行「川除」普請的命令（《戰國遺文武田氏編》一四二一）；這應該就是下令展開築堤的普請吧！因為這兩鄉是隔天龍川相對的位置，所以我們可以得知，這是因為修築因天龍川氾濫毀壞堤防的命令。再舉長濱時代秀吉的事例，天正二年（一五七四年）三月，他也下令流域內的百姓對領地內的堤防進行普請（《豐臣秀吉文件集》八三）。

治水工程的原則是受益者負擔，所以基本上大名並不會支出個別的經費。但是，因為大名大多會對受災地域採取年貢減免等措施，所以我們也可以想成大名會以基礎建設的成本負擔，來代替這些救濟措施。

三、對朝廷、幕府的獻金——在賄賂社會中生存

伊達氏的盛大款待

在大名的支出中，也有中世特有的項目，那就是對其他權力者的贈答，簡單說

就是賄賂。

賄賂在現代社會是令人嫌惡的事情，跟賄賂沾上邊的人，、往往會受到最大程度的非難。可是，中世不只完全沒有這種罪惡意識，還把擁有足以贈送賄賂的財力視為一種美德。為了讓權力者做出對自己有利的裁決，他們會毫不猶豫、毫不吝惜地撒錢來賄賂朝廷與幕府中有決定權的人，以及負責實務的官僚。毋寧說，這是個不這樣做，就無法在權力鬥爭中脫穎而出的社會。儘管戰國時代的朝廷和幕府都衰弱不振，但他們仍然握有官位和守護職任免的實權，因此透過他們來點綴自己權威的大名也不在少數。

其中一個例子，是陸奧國的伊達氏與幕府相關人士的贈答。伊達氏從十五世紀下半葉到十六世紀上半葉，以鉅額的獻金廣為人知，而這也收到成效，讓他們從幕府獲得了陸奧國守護職。因為當時的情況可以從史料具體得知，所以也相當珍貴。接下來就讓我們追溯當時的情況。

在應仁之亂暫時沉靜、但仍餘燼未熄的文明十五年（一四三八年）十月，當時伊達家的家主伊達成宗帶著被官眾（下屬）一同上洛。成宗是以獨眼龍著稱的政宗往前回溯五代的人物。

當時的伊達氏是以陸奧國伊達郡（福島縣伊達市等地）與出羽國長井莊（山形縣米澤市等地）為中心建構起領域。雖然不是太大的勢力，但對幕府而言是無法忽視的存在。幕府長期以來和統治東國的鎌倉府處於敵對關係，不過伊達氏是東國籍少數一貫與幕府維持友好關係的領主。即使在幕府與鎌倉府演變成全面對決的戰爭（永享之亂）中，伊達氏也貫徹了親幕府方的立場。伊達成宗上洛的目的，一方面是要與幕府中樞成員直接會面、強化友好關係，另一方面也希望以他們為後盾，讓支配的領地更加安定化。

讓我們具體追蹤一下伊達成宗在京都的動向（《伊達家文件》四七）。文明十五年十月十日，伊達成宗一行人到達京都，第二天（十一日），他們首先和管領細川氏一門的典厩家家主細川政國見面；在這之後，成宗也和此行最大的目標「東山殿」足利義政見了面。義政雖然已經把將軍職位讓給了兒子義尚，但仍然以足利將軍家的家長身分君臨京都政界。

成功和義政見面的成宗，接下去又和將軍義尚、幕府事務官之首——政所執事伊勢貞宗的嫡子貞陸會面。不只如此，他也和義政的正室日野富子、當時幕閣中年輕有名望的管領細川政元、應仁之亂中以西軍主力著稱的有力守護一色義直等，盡可能的與幕府中樞成員進行會面，而成宗也毫不吝惜地將令人瞠目結舌的豪華禮品獻給這些人。

賄賂是理所當然

其實，這是伊達成宗第二次上洛。他第一次上洛是在寬正三年（一四六二年）十月，當時晉見了還是將軍的義政，並獻上「三萬疋」（《蔭涼軒日錄》寬正三年十月十七日條）。錢三萬疋（三百貫文）這個贈答額即使以當時的水準來看也是相當破天荒；換算成現值大概約等於兩千萬日圓左右。

就像先前提及的，伊達氏進行鉅額贈答、和幕府締結緊密關係的目的，是要借助幕府之威，來向周邊地域誇示其作為領主的正統性。伊達氏誇耀自己和幕府緊密關係的事例還有其他可以舉出。比方說，伊達家的家主代代都會從將軍那裡獲賜一字，放在自己的名字當中（也就是所謂的賜予偏諱）。伊達成宗的「成」，就是從將軍足利義成（後來的義政）那裡拜領而來的。

雖然是後來的事例，不過關於伊達氏與幕府間的緊密關係，我們可以舉大永二年（一五二二年），將軍足利義晴任命伊達稙宗為陸奧國守護的例子。陸奧國原本是沒有設置守護的；但是，在伊達氏反覆為了當地主導權展開鬥爭，對足利一門的大崎氏取得優勢的情況下，從幕府那裡獲得了意味著支配陸奧國正當性的守護職；這不能不說是他們長年建構與幕府的緊密關係奏效之故。

十六世紀下半葉，應該是伊達氏重臣的桑折播磨守（宗長？）獲得將軍足利義輝允許，得以使用象徵守護位階的毛氈鞍覆與白傘袋；作為回禮，他則贈與將軍黃金十兩等物品（《伊達家文件》二七）。

家主不辭千里親自上洛，毫不猶豫贈送給京都權力者豪奢的物品，這樣的行為對現代人來說或許會覺得有反效果，從而大皺其眉吧！但是在當時人的認知中這絕對不是應當引以為恥的行為；不只如此，還是最可以期待獲得回饋的行動。日本中世社會是贈答儀式極為盛行的時代，在有力者彼此的交流中，贈答是不可或缺的。不只如此，現代人眼中看來屬於賄賂、堪稱嫌惡行為的金錢（貨幣）贈答，其實是在反覆的日常儀式背後潛藏著政治的意圖（贈與方抱持著「在關鍵時刻能夠引出某種有利政治決定」的期待），因此在權力者之間是司空見慣、經常為之的事情。

撒錢的總額達到五億日圓

讓我們把話題回到文明十五年伊達成宗的二度上洛。十月十日上洛的成宗一行人，直到接下來的十一月中都停留在京都；這段期間他們會見了許多幕府與寺社的相關人士，反覆進行贈答。因為成宗贈送的禮物都有詳盡記錄，所以我們可以稍微看看箇中事例。成宗對十月十一日會面之人贈送的禮物，如下所述：

贈足利義政：太刀一把（銘景光）、沙金一百兩、馬二十匹（月毛十匹、栗毛十匹）、錢一萬疋（一百貫文）；贈細川政元：太刀一把（銘國綱）、沙金五十兩、馬十匹（各種毛色）；贈細川政國：太刀一把（銘安則）、沙金五十兩、馬五匹；贈政所執事伊勢貞宗：太刀一把、沙金二十兩、馬三匹。其他還有很多贈答事例，堪稱沒完沒了。所有贈答品據小林清治先生的統計，共為太刀二十九把、馬九十五匹，沙金三百八十兩、錢六萬疋（六百貫文）。

伊達氏帶到京都的砂金三百八十兩究竟是多大的量呢？當時的京都按照記錄，黃金一兩＝五匁（〈大內氏規章〉第六十條）。當時的一匁約三點七五克，所以一兩約為十八點七五克；以此類推，三百八十兩相當於七千一百二十五克。參考現在黃金的價值來計算，二〇二〇年一月的金價是一克六千日圓左右，因此三百八十兩是四千二百七十五萬日圓。另一方面，若是基於先前看到的十六世紀行情價，金一兩等於現在價格的十二萬到十四萬日圓，依照這樣的推算，則相當於現在的五千萬日圓。在價值估算上，這樣的數字大致無誤。

太刀因為是有刀匠銘文、美術價值很高的作品，因此如開頭所言，有接近「萬疋」（一百貫文）的價值，換算成現值就是接近六百到七百萬日圓。雖然有品質上的差異，不過二十九把刀相當於現值兩億日圓左右。馬如果是士兵等級，一匹是一貫文（現值數萬日圓）左右，但作為贈答品，準備的馬應該是最高等級才對。雖然要估算價格頗有困難，但假定不遜於太刀的話，那或許也有數百萬日圓的價值。這樣算來，九十五匹馬果然也有數億日圓的價值。雖然調貨的價格估計會稍微便宜一點，但這時候贈答所需的費用，以現代的價值來看大概不低於五億日圓；實在是破天荒的流傳紀錄啊！

同時期，出羽國大寶寺（山形縣鶴岡市）的領主武藤淳氏也上洛貢獻給足利義政，但他所帶來的只有錢一萬疋、馬十匹；因此成宗的贈答毫無疑問會讓幕府的眾人大吃一驚。雖然大半的路程應該是走海路，但從陸奧國要把九十五匹馬牽引到京都，這支隊伍應該已經是讓人足以看成軍隊行進的規模了吧！

特別引人注目的是沙金。就像讓人聯想起中尊寺金色堂（岩手縣平泉町），自古以來，陸奧國的太平洋沿岸地帶就是黃金產地。雖然進入中世以後，因為文獻史料極度匱乏，無法掌握產金的實際狀況，但就像這起贈答事例中明白呈現的，中世的陸奧國也產金，這是毫無疑問的事。

雖然不清楚伊達氏是否有把沙金當成年貢來加以徵收，但在時代往下的天正十八年（一五九〇年），伊達政宗留下了「作為出羽國挖掘金礦所得權利的替代，命令家臣每年上繳錢十貫文」的紀錄（《伊達家文件》四九四）。由此可知，除了直接以年貢形式收取黃金外，他們也會採取給予黃金採掘權、再徵收年貢的方式；畢竟給予家臣採掘權可以省下直轄經營的成本。

也有透過商人購買黃金的案例。成宗上洛之際，曾留下在當時的根據地——陸奧國梁川（福島縣伊達市）付錢給商人購入黃金的記錄。之所以如此，大概是因為要進行上述那麼大規模的贈答，單憑伊達氏的儲備並不足夠吧！這種時候，就必須將作為商品在市場上流通的黃金特地買下聚集。前面看到伊達氏在段錢、棟別錢方面的豐厚收入，讓這種做法成為可能。

另一方面，贈答使用的錢六百貫文相當於四千萬日圓左右。由此我們可以得知，光是黃金和錢，換算成現在的價值就約為一億日圓，相當高額。再加上準備的大量馬和太刀，以及成宗一行人的往返旅費、在京都的停留費用等，也要花上相當的金額；但考慮到先前提及的收入，這仍是相當可能達成的數字。果然伊達氏的財力絕對不容小覷。

之後在永正十五年（一五一八年），為了準備家主伊達稙宗上洛，事先派遣使者前往京都之際，留下了一份經費報告書（《伊達家文件》八〇）。上洛的頤神軒存奭這號人物，雖然負有和京都有力者進行實務交涉的任務，但在交涉對象之中也包括了「坂東屋」，應該是跟商業有關的人物。雖然我們並不明白存奭是怎樣的一個人，但因為他有商人方面的人脈，也長於計算能力，所以他很有可能也是以隸屬於伊達氏麾下商人身分活動的人物。就像這樣，在戰國大名麾下有作為武士被賦予領地、擔負軍役的人，也有許多明瞭經濟、以商人身分負責調度物資的人。大名靠著拉攏這些人從而實現安定的領國經營。這種商人型態的家臣，可以想見其他大名應該也擁有才對。

這裡雖然只列舉伊達氏的事例，但戰國大名與規模比較小的領主，也都會為了讓自己的領地支配安定化而利用和幕府的友好關係。作為讓他們生存下去的手段，確保這些費用也是必要的。為了增加收入，擴大領地是最直截了當的方法。也正因如此，戰國大名普遍都會被侵略周邊領主的欲求所驅策。為了活下來而賭上性命的戰爭，對他們而言正是內含矛盾的存在。要從這種矛盾中解放出來，就必須等到十七世紀了。

第四章

戰國大名的礦山開發

在本章，我們要詳細看看戰國時代活躍化的礦山開發。在日本講到礦山開發，或許有很多讀者會感到出乎意料；畢竟在現代人的感覺中，總會有種強烈的印象，認為日本是個資源匱乏的國度。事實上，現代日本不管在金屬資源，還是做為能源來源的石化燃料生產上，都可說是微乎其微；但是就歷史來說，則並非一直都是如此。

戰國時代的日本，以世界屈指可數的金屬產量傲視全球，換言之就是資源大國；而推進戰國時代金屬生產的，正是為求財源、展開激烈競爭的戰國大名。雖然提到生產，我們往往都會注目到農業上，但金屬生產也是促使當時日本經濟成長的重要產業。日本產出的金屬廣受當時世界各國矚目，為了追求這些金屬的商人從世界各地前來造訪日本。以下就讓我們來看看當時的情況。

一、日本的金屬資源與戰國時代

礦山開發的時代

「黃金之國」日本。以馬可波羅《馬可波羅遊記》為根源的這種日本印象，確實並非虛構。日本列島自古以來就有黃金的產出；提到這個事實，許多讀者腦海裡大概會立刻浮現起中尊寺金色堂的威容吧！平安時代透過日宋貿易，日本把黃金輸出到中國，這也是廣為人知的事。雖然殘存史料極為匱乏，不容易了解其實態，但在中世，這樣的狀況也持續不輟，從伊達氏餽贈幕府黃金的事例就可以窺見一斑。位在火山帶的日本列島雖然常常為災害所苦，但另一方面拜此所賜，金屬資源相當豐富。

那麼，黃金以外的金屬資源又是如何呢？

根據發掘結果顯示，作為刀劍和日用品材料的鐵之生產，以中國地方為中心，在中世相當昌盛。此外，鎌倉時代在對馬有或多或少進行過採銀，但到室町時代已經幾近絕跡。

日本特別豐富的礦產是銅。銅從古代以來產出就相當豐富，直到平安時代（十一世紀左右）為止，長門國的長登銅山（山口縣美禰市）產出特別搶眼。但是在這之後直到十四世紀，日本的銅生產一度中斷。原因並非礦脈竭盡，而是因為平安時代的技術，要生產銅變得相當困難。進入十五世紀後，引進了新的精煉技術，於是日本再度出現了銅的生產。隨著產業的驟然活潑化，日本的銅也開始輸出到中國（明）。當時的中國正苦於銅不足，對重獲生產的日本銅需求高漲，因此透過日明間的勘合貿易，日本的輸出盛極一時。也有見解認為，這時候中國正規鑄造的錢（明朝鑄造的錢一般稱為明錢），都是以日本輸入的銅為原料。十五世紀再度繁盛的銅生產，不只是古代存在的長登礦山獲得重新開發，在長門國以外的中國地方（特別是在但馬、備中、備後、美作四國相當盛行）也都展開了新的開發（〈戊子入明記〉）。

邁入戰國時代後，日本列島各地在戰國大名的主導下，更進一步積極展開了礦山開發。各地戰國大名為了確保自身的財源，莫不積極進行礦山開發。另一方面，因為金屬資源是武裝生產的必要原料，所以作為戰略物資，大名也都渴望能夠自給。十六世紀起，開發技術慢慢提升，新的礦山也不斷發現，各式各樣的金屬開始生產。戰國時代堪稱是為日本礦山的開發熱潮揭開了序幕，關於其具體樣貌，以下就列舉幾個事例來進一步深入探討。

二、今川氏的金山經營

財力的骨幹

在日本，東北以外地方的黃金產出原本並不是那麼顯眼，但邁入戰國時代後，其他地域的金礦開發也開始了。其中最早的例子，就是稱霸東海地方的今川氏。

先前講到伊勢宗瑞的時候有提及，今川氏是代代作為駿河國守護、監視關東，足利一門中的有力家族。關於今川氏何時開始開發礦山，詳細的情況雖然不清楚，不過在十五世紀下半葉邁入戰亂期的階段，積極開發的態勢已經相當明顯。比方說，文明四年（一四七二年）就留下了一份將軍足利義政給予家主今川義忠（宗瑞的姊夫）駿河國安倍山（靜岡縣靜岡市）領地安堵的史料（《戰國遺文今川氏編》

三八）。安倍山是後來今川氏挖掘出大量黃金的主要礦山。今川氏在礦山開發上的成功，讓他們的財政一直相當富裕。

即使是身為將軍一門的今川氏，黃金在政治交涉的成功上也頗具效果。永正八年（一五一一年），今川氏親在年初的祝賀儀式中，贈予將軍足利義尹（義稙）太刀一把與「黃金十兩」（《戰國遺文今川氏編》二五〇）。之所以對將軍進行這樣的贈答，其背景是當時今川氏正與幕府的實力派斯波氏，進行遠江國守護的爭奪戰。兩者的對立也和圍繞將軍地位的對立直接連結，斯波氏支持前將軍足利義澄，今川氏親則支持一度被義澄逐走，後來又重返將軍地位的足利義尹。結果今川氏親被義尹任命為遠江國守護，對義尹贈金就是這件事的謝禮。今川氏親同時也對幕府的有力官僚（奉行人）發放黃金，這點是不能遺漏的。

今川氏親贈送的黃金十兩，雖然比起伊達氏稍差，但即使如此，仍是讓將軍以下的幕閣人員瞠目結舌的貢品。順道一提，這十兩黃金的形狀根據註記，是鑄成「大板、在判」的樣子（《戰國遺文今川氏編》二六〇）。換言之，當時用來贈答的黃金，是鑄成一片大板子的形狀。「在判」指的是上面寫有花押，因此可以了解，在黃金的一面上為了證明量目（重量），會寫有墨書（花押）。十六世紀末以降，發行了以十兩面額鍛造的金幣，也就是所謂的「大判」，但這裡是同樣的樣式，換言之，在十六世紀上半葉，大判的原型就已經出現了。

在這之後，今川氏親也屢屢對居住在京都、關係親密的公家贈予黃金。其中一人是中御門宣胤；他的女兒嫁給了氏親，就是生下今川義元的壽桂尼。他也屢屢招攬宗祇和宗長等當代首屈一指的連歌師來到駿河。和西邊的大內氏並列，東邊的今川氏對當時的公家而言，也以優質的贊助人而受矚目，而他們所仰仗的今川氏，其財力的支柱之一就是黃金。在這之後今川氏的史料中，關於黃金的記述慢慢減少，但從安倍山在江戶時代仍然作為金山進行採掘來看，開發應該持續在進行。

三、武田氏的金山經營

武田軍團的支柱

說給人多金印象的戰國大名，非支配甲斐國的武田信玄（晴信）莫屬了。甲斐國是許多金山的所在，產出的黃金也很多。甲斐產出的黃金以各式各樣的形式被鑄成並流通，當中尤以棋子形狀的「棋子金」，直到江戶時代仍流通於東日本，因此留存在眾多人的記憶之中。

邁入江戶時代後，金幣被幕府以定型硬幣的形式鑄造並流通，但其計數方式則是採用「四進法」這種特殊的計量方式，也就是一兩＝四分＝十六朱這樣的單位，並配合各自的單位鑄造金幣。一般說法是，四進法一開始是由武田氏採用，武田氏滅亡後則被支配甲斐國的德川家康所繼承，因此在江戶時代也被承繼下去，我也曾經相信這樣的看法。可是，事實上證諸史實，這樣的說法就頗為奇怪。據研究甲州金的西脇康先生所言，在同時代史料中無法確認到武田氏使用黃金四進法的事例。相反地，在中國[1]則有使用金四進法的例子，因此實際上家康是得知中國的事例，從而加以採用，這樣的想法或許比較妥當。確實，這種說法大概比較接近真相。

甲斐國的金山開發始自十五世紀下半葉，直到十七世紀初期採掘都相當活躍。說到甲斐代表性的金山，可以舉出黑川金山（山梨縣甲州市）與湯之奧金山（山梨縣身延町）。一般咸認黑川金山在採掘上良質的黃金比較豐富。雖然從文獻史料中很難發現和武田氏的關聯，但以十六世紀上半葉的家主武田信虎（晴信之父）之弟——勝沼信友的居館跡而受到矚目的勝沼氏館跡（山梨縣甲州市）中，有發現鍛治遺跡，從中也有附著金粒的陶器出土。或許黑川金山採掘到的黃金就是運到這座館中吧！

從僅存的相關文獻中，可以窺見武田氏也是使用黃金來進行政治交涉。跟今川氏一樣，武田氏也留有應當是提供黃金給京都有力公家的記錄。永正三年（一五〇六年）八月二十二日，三條西實隆在日記中記載，作為《源氏物語》的對價，從甲斐國的某處收受了黃金五枚（《實隆公記》同日條）。黃金五枚（相當於五十兩）換算成錢是一千五百疋，也就是接近十五貫文的價值。只是，比較當時金和錢的一般匯率，其交換比率屬於黃金相當便宜的水準。之所以如此，或許是因為黃金的品質較低，又或許是因為使用特殊重量單位的緣故。

不管怎麼說，這種黃金是從甲斐國所產出的無誤。雖然不知為何只說「某處」，而隱瞞了提供者的詳細狀況，但三條西實隆和武田氏有好幾度交流，因此我們可以認定以黃金做交換，讓他賣出《源氏物語》的對象，應該就是武田氏。

1　註：此處的中國，從原文無從判斷是指「中國地方」，還是明國。

然而關鍵的武田信玄與黃金之關聯，相當遺憾的是從同時代史料中幾乎無從確認。一般流傳關於武田信玄與黃金的軼聞，是《甲陽軍鑑》中記載的一節。根據這段記載，在元龜元年（一五七〇年）武田氏攻擊北條氏支配的韮山城之際，曾經親手捧起棋子金交給立功的河原村傳兵衛。現在我們沒有確實的證據可以確定這是虛構；但是同時期武田氏使用棋子金作為恩賞的事例，在其他史料中都無法確認。《甲陽軍鑑》作為史料的可信度並不高，因此將上述事例當成事實、照單全收，危險性很高。先前介紹、對甲斐金山知之甚詳的西脇康氏也暗示說，對於武田氏鑄造棋子金的想法，最好還是慎重一些。

話雖如此，在武田信玄活躍的時代，甲斐國有在採掘黃金，且在武田氏的影響下流通，這是千真萬確的事，而且我們也不能否定它讓武田氏的財政獲得一定程度的富裕。就像武田信玄的閃電進擊廣為人知一般，甲斐國雖是位處內陸、稱不上多肥沃的地域，但武田氏的軍事力量比起周邊各勢力，顯得相當突出。故此將黃金生產作為支撐這股軍力的要素之一，也不是毫無道理。

還不是貨幣

以上對日本黃金生產量自十五世紀下半葉到十六世紀日益顯著的狀況，列舉了好幾個事例。但是直到十六世紀上半葉為止，黃金仍不是作為「金錢」（貨幣）在流通。儘管有三條西實隆作為《源氏物語》的對價收取黃金的例子，但到這個階段為止，黃金一般來說依然不曾被當成貨幣來使用。

之所以如此理由有幾個：儘管產量增加，但黃金還沒有到在社會上廣泛流通的地步；貿易的結算通貨是白銀，海外對黃金的需要較低；當時的日本處於通縮狀態，像黃金這種高價金屬作為貨幣的需求很小等。另一方面，作為貨幣流通的錢的流通量，也還具有相當的水準。

關於黃金並未成為貨幣，有這樣一段證言。讓我們來讀讀耶穌會傳教士沙勿略寄到印度果亞的一篇書簡：

「要給日本弟兄們的布施，只能是金幣（ouro）而已。而且這種金幣，還必須是威尼斯（金幣）乃至於其他的良質金幣，也就是你們（所能找到）最優質的金幣才行。畢竟，日本很喜歡在武器上精雕細琢，為了鍍金，他們們也需要品質最優良的黃金；在日本除此之外，基本上不太利用黃金。」（《耶穌會日本書翰集》六二。一五五二年七月二十二日（天文二一年七月一日）由新加坡海峽發出，沙勿略致果亞的巴爾薩烏斯（Gaspar Barzaeus）的書翰）

就像這樣，對黃金的需求是以貴金屬加工的材料為中心。因為金工工匠集中在京都，所以為配合其需要，呈現出黃金從各地向京都集中的情況。黃金工藝品的最大消費者也在京都，但並非當時極端困窮的公家眾，而是仍然保有強大實力的大寺社。比方說根據洛北大德寺的帳簿，我們就可以看到來自各地的許多黃金，實際落入他們手中的狀況。

不論如何，在這階段黃金雖然只是作為商品流通並往京都集中，但慢慢地在京都，以累積的黃金為根本，當儲備相當充分後，終於為黃金作為貨幣普及整飭出初步的基礎。這是一五六〇年代後半的情況，關於其實際狀況，我們後面會再提及。

四、石見銀山的衝擊

參與世界市場的契機

前面我們看到了作為戰國大名有力收入來源的礦山開發，但讓日本對世界經濟產生衝擊的礦山，是從十六世紀開始開發的。這座礦山是位在石見國東部大森的銀山（島根縣大田市，以後稱之為石見銀山）。這座銀山在二〇〇七年被聯合國教科文組織登錄為世界遺產，因此知道它的讀者也相當之多。從這裡產出的大量且優質白銀被帶到海外，讓銀扮演了與其他金屬迥異的特殊角色。在當時的世界經濟中，白銀事實上是作為貿易結算的通貨；因此，控制石見的白銀，就等於是保證透過貿易獲得鉅萬的財富。在這裡就談談石見銀山的開發，及其與戰國大名貿易的關聯。

「時間是一五二〇年代，當時在大內義興支配的筑前國博多，有一位叫做神谷壽禎的人。大永六年，他為了前往出雲國，搭船航行在石見國的海面上。這時，他忽然在遙遠的南方山上看到閃耀的光輝，於是對船員問說：『那道光是什麼啊？』於船員回答說：『那座山叫做銀峰山，過去曾經有產銀，但現在已經不出產了。』於是壽禎試著在銀峰山進行採掘，結果發掘出大量的白銀，並將之帶回九州。在這之後，許多船隻都趕到石見國尋求購買白銀，壽禎因此獲得了鉅萬的財富，享盡榮華富貴。這座銀山聚集來了自各國的眾多人們，它的模樣也被稱為宛若『花都』。」（摘自〈銀山舊記〉，部分省略並加以現代語譯）

如果上述的軼聞可信，那麼石見銀山是在大永六年（一五二六年）由博多商人神谷壽禎發現，並在支配當地的戰國大名大內氏的管理下，進行大規模的開發。天文二年（一五三三年）後，一名叫做慶壽的僧侶從朝鮮半島傳入稱為「灰吹法」的冶煉技術，之後良質的白銀便大量產出。慶壽與以將禪宗傳往日本廣為人的榮西所建立、日本最初的禪宗寺院──博多聖福寺（福岡縣福岡市）中、一處名為幻住庵的塔頭[2]淵源頗深。我們可以認為幻住庵是座和朝鮮、琉球關係密切的塔頭，因此灰吹法才會透過這樣的網絡傳入日本。

灰吹法是當時劃時代的冶煉技術。將含銀的礦石與鉛等混合加熱，製造出銀與鉛的合金，接著再蘸上灰，只把鉛吸收走，這樣就能取出白銀。透過這種方式，能生產出純度將近百分之百的白銀，其品質之好是有主導大航海時代的葡萄牙人掛保證的。結果，為了尋求這種白銀的貿易商人紛紛湧向日本。當時銀山所在的地域稱為佐摩（sama）村，在轉訛的情況下，葡萄牙商人遂將當地的白銀稱為「soma銀」。

先前引用的〈銀山舊記〉，其實是十九世紀上半葉撰寫而成的記錄，因此其內容是否正確，讓人難免有點不安，但因為實際上在一五三〇年代左右，已經可以看到在日本進行白銀交易的史料，所以引用的內容應該大致可信。若是如此，最初受到石見銀山採掘的白銀（石見銀）恩惠的，應該是博多才對，而其經濟潛力也受到周邊的戰國大名垂涎三尺。特別是大內氏與大友氏圍繞著博多反覆展開了激烈的爭奪戰；不過直到大內氏滅亡的一五五〇年代為止，大致都是由大內氏對該地進行實效支配。換言之，大內氏同時掌握了產出白銀的石見，與使用白銀的貿易窗口。正因如此，他們才有辦法以西國有力大名之姿君臨當地。

2　大寺廟中的別院或小寺。

可疑的交易者

那麼，我們就專注在當時博多商人與石見銀的相關史料上，來看看以下幾項內容。

一五三八年（天文七年），有自稱「小二（少貳）殿」使者的人物，帶著三百一十五斤（約一百八十九公斤）的白銀前來拜訪朝鮮國王；他除了獻上白銀外，也期望能有超過白銀價值的回賜（《朝鮮中宗實錄》三十三年（一五三八年）十月己巳（二十九日）條）。雖然這是留在朝鮮方面紀錄中的事例，但這應該不是勉勉強強支配太宰府周邊的少貳氏正式派遣的使者，而是博多商人假借其名的可能性較高。之所以如此，是因為當時日本禁止與朝鮮進行民間交易，必須由大名等以官方形式進行派遣才行；故此，商人和朝鮮半島進行交易，都必須自稱權力者的使節。

當時的少貳氏在與大內氏的抗爭中落敗，瀕臨沒落，處於根本不可能派遣使節前往海外的狀況；正因如此，所以商人即使偽稱少貳氏也不會曝光吧！這時候從日本往朝鮮，自稱權力者使節的可疑人物頻繁渡海往來，其中大部分應該都是與博多有關的人。換言之，這時期運往朝鮮的白銀都是博多商人的貨物，也就是石見銀；

當然在其背後存在的，是從商人身上汲取利益的大內氏。

和博多的關係還有更清楚的事例。一五四二年（天文十一年），這次是自稱「日本國王」使節、名為安心的僧侶帶著八萬兩白銀造訪朝鮮國王（《朝鮮中宗實錄》三十七年（一五四二年）四月甲戌（二十四日）條）。當然，他絕對不是「日本國王」＝將軍派去的正式使節。我們知道，安心是位出身聖福寺、住在對馬的人物；由此可以得知，這個案例是透過博多與對馬的網絡牽成的，而其背後有實際支配博多與石見銀山的大內氏、以及對馬的宗氏等參與其中。若非如此，則要準備八萬兩＝一點三五噸（日本的一兩＝十六點八七五克）這麼龐大數量的銀，明顯相當困難。從這個事例中，我們可以窺見西日本戰國大名與貿易商人間的密切關係。順道一提，白銀現在的價值是一公克七十日圓左右（二〇一九年十月），一點三五噸的價值就是一億日圓；大致給人的印象就是這樣。

在石見銀山開始開發的十六世紀上半葉日本，白銀尚未以貨幣之姿普及。可是在世界各地的市場中，白銀已經成為國際通貨，只要有白銀就可以買到世界上的任何東西。故此，石見銀透過貿易商人的中介，從日本流出到海外。在這種過程中被帶進日本的物資，以中國和朝鮮的陶瓷器為中心，不過高品質的絲織品等用來滿足權力者的事物，也有許多被輸入。直接負責這種貿易的推手雖是博多商人，但反覆獲得的利益，則有許多都進了大內氏的懷中。於是從這時起，稱為「倭銀」的石見銀便大量流入朝鮮。村井章介先生指出，在自稱少貳氏使者的人前來的差不多時間，根據朝鮮方面的紀錄，還有各式各樣來自日本的使者沒有帶著產品、只帶著白銀過來。不只如此，從這裡也可以預測到，他們應該是從大內氏等大名那裡取得大量白銀。

實際上，以九州北部各地為中介，很有可能有為數眾多的白銀透過走私被帶往朝鮮、中國乃至於琉球。舉個例子，一五五四年六月，有一名遇難漂流、被朝鮮捕獲的「倭人」千六供述說，自己是在從中國的湖州（現浙江省）回來的路上遇難；他也作證說，自己是和日本「平居島（平戶島？長崎縣平戶市）」出身的人們一起帶著銀前往中國（《朝鮮明宗實錄》九年（一五五四年）六月丁丑（八日）條）。雖然在史料中不常出現，但從這裡確實可以窺見石見銀透過這些可疑人物之手，在東海周邊海域往來的樣貌。

透過以石見銀為對價的貿易累積起財富的大內氏，在弘治三年（一五五七年）被毛利氏消滅。石見銀山一時被領有出雲國的尼子氏所支配，但在永祿五年

（一五六二年）被毛利氏所奪取。在邁入這個時代後，物資的支付直接使用白銀的情況也多了起來，不只是兵糧，包括鐵炮火藥用的硝石、子彈原料的鉛等都可以入手（《萩藩閥閱錄》）。當然，白銀也透過贈答用在大名間的外交手段上；成功上洛的織田信長，就可以確認有贈送銀十枚（一百兩）的事例（《小早川家文件》二六二）。

在這之後，石見銀山在豐臣秀吉的統一過程中變成他的直轄領地，並被江戶幕府直接繼承下去。由此可見即使對後世的政權，它仍是重要的資金來源。

第五章

✦

地方都市的時代

——戰國大名與城下町

一、城下町的誕生──一乘谷

足以重現當時景象的罕見事例

當我們問「戰國時代的特徵是什麼」的時候，得到的答案會有百百種。那麼，若是提到經濟層面，答案又如何呢？許多人大概會回答「城下町的建設」吧！

城下町是戰國大名在自己的居館或城郭底下，有計畫建構出來的都市。換言之，各大名在有必要讓自己的領國經營邁上軌道之際，作為經濟核心建構起來的「首都」，就是城下町。不只是米糧，包括做為生活必需品的工藝品，甚至是武器彈藥，在這裡都不時成為交易的對象；在讓領國經濟豐饒的同時，它也和領國的安全保障有著密切關聯。正因為具備了這樣的性質，所以城下町不只作為地方的核心都市而發達，也有很多演變成延續到現在的都市。各位的故鄉，大概也都有這樣的都市吧！

作為城下町的先驅且最有名的事例，就是越前國的一乘谷了。不用說，它是以當地為領國的朝倉氏之根據地，從十五世紀下半葉起開始正式建設，即使環顧整個日本也是相當早的城下町事例（除此之外，大概會想到的就是大內氏的山口）。不只如此，一乘谷的遺跡保存狀態也極為良好，透過發掘調查，已乎可以確實重現當時的都市空間，是極為罕見的事例，所以也被指定為國家的特別史蹟。

只是必須注意的是，一乘谷並不是從十五世紀下半葉起才首次進行開發的。朝倉氏原本是出身但馬國的武士，在南北朝時代以足利一門斯波氏的被官（家臣）身分與南朝進行戰爭後，隨著斯波氏擔任越前國守護，也一起將根據地轉移到越前國。從這時候開始，朝倉氏便以一乘谷所在的越前國中央地區足羽川流域為據點；根據發掘調查可以得知，當時一乘谷就已經有朝倉氏的相關人員在那裡建構居館，進行小規模的開發。換言之，朝倉氏並不是邁入戰國時代才突如其來地從別的地方跑到一乘谷占地為王，而是從先前就把這裡當成據點之一。

不過，一乘谷從邁入戰國時代之後才開始進行正式的都市建設也是事實。之所以選擇這個地方，雖是因為有群山圍繞、在地形上最適合防禦，但透過足羽川可以和日本海的水運連結，也是重要的原因。

發掘調查也證實了這點。在遺物中包含了許多從遙遠海外輸入的陶瓷器，除了有從東南亞輸入的呂宋壺（詳細情況後面會提及）外，也可以看到許多當時原料必須仰賴東南亞輸入的鉛製彈丸。這些都是從日本海溯足羽川而上運來的。此外在城下町，必要的生活物資生產也大有進展。比方說負責製作鐵鍋、刀等鐵製品的工匠，會被招攬到城下町；就像在一乘谷常常可見的越前燒這樣，近鄰負責生產陶器的匠人，其身影也會出現在城下町。雖然經營規模不大，但這種生產活動的發達，對地域經濟的活潑化仍有著不小的貢獻。

城下町是地區發展的象徵

除了上述，還有其他可以窺見一乘谷發展的事例。明應七年（一四九八年）九月，被趕下將軍寶座、逃往越中國的足利義材（義稙）在進入一乘谷之際，曾有在「唐人居所」停留的記錄（《大乘院寺社雜事記》同年九月十一日條）。從一乘谷沿足羽川而下，在同國的北庄（後來的福井）有稱為「唐人座」的商人集團，該集團主要是由經營藥材生意的商人所構成。以此類推，一乘谷的「唐人」，大致來說應該也是醫生吧！一乘谷有醫生居住這件事，從當地發掘出十三世紀的中國醫書紙片這點，已經獲得證明（只是住在這裡的醫生，未必就等於「唐人」）。我們屢屢得知，戰國時代的醫生中有很多是從中國渡海而來；但是他們活動的地點以西日本居多，停留在北陸的情況相當罕見。這也可以說明從這時期起，一乘谷已經發展成屈指可數的都市。

雖然大小規模各自有別，但日本列島各地在當時一齊建起了這樣的都市。從相對的角度來看，這件事雖然意味著中世的「首都」京都及其周邊的經濟存在感日益低落，但隨著各地的都市建設，列島內的物流趨於活潑，也是不爭的事實。雖然因為戰亂屢屢發生封鎖通往敵國流通路徑的事件，這種對經濟的阻礙要因確實無法無視，但戰國時代是讓地方經濟發達起來的時代，也為近世的地方分權國家體制（幕藩體制）奠下了基礎，這也是千真萬確的事實。只是，一乘谷本身在天正元年（一五七三年）八月，隨著織田信長的攻擊，和朝倉氏一起走下了歷史的舞台。

二、「樂市、樂座」的登場

「樂市、樂座」是什麼？

另一方面，將一乘谷燒毀殆盡的織田信長，又是怎樣一回事呢？關於信長的財源，我們在第二章看到了他以土地支配為主、屬於傳統領主的一面，但一聽到信長的名字，給人強烈印象的，果然還是他對都市與商業的涉入吧！最引起眾人關注的，莫過於信長的商業、流通政策，是不是一種同時代其他領主身上所不曾看見、充滿「革新」的事物；而在這當中特別被注目的，又屬「樂市、樂座」政策。自古以來，它就被當成信長在經濟政策上的革新性象徵而受到注目，即使到了現在，也是在提到信長的印象時不可或缺的關鍵字。

但是所謂「樂市、樂座」，究竟是怎樣的政策呢？能夠明快解釋這點的讀者又有多少呢？雖然覺得這點毫不費力的核心粉絲一定不少，但要詳細說明「它究竟是怎樣的一套政策」，這個嘛……這樣的讀者果然也很多吧！既然如此，那我們就首先簡單確認一下它的內容。

所謂「樂市、樂座」政策，是指針對荒廢的市場以及新設置的市場，透過權力規範，排除一切的商業交易特權；換言之，就是要形成一個自由市場，以期能促使不具有特權的人也參與經濟活動，從而讓商業交易活絡起來。雖然原本只用「樂市」兩字，就足以表現自由市場的意義，但因為在這個自由市場中，排除了在市場中各據地盤、從事商業行為者（「座」，也就是座席）的特權——即所謂的「樂座」，所以才稱為「樂市、樂座」。此外，高唱「樂市、樂座」的這種政策，因為以樂市＝自由市場的實現為主要目的，所以在專家間常常單獨稱為「樂市令」，本書接下來也都只稱為樂市令。

戰國時代的市場，除了京都等都市以外，一般並沒有設置常設的店鋪，而是一個月中，每六天（換言之就是做一休五）舉辦一次定期市集（所以稱為六齋市）；這種市集給人的印象很接近於現代的跳蚤市場。在跳蚤市場中，備齊充滿魅力的商品固然重要，但隨著擺攤的位置，能賺到的錢往往也會產生出不小的差異。在中世也是一樣，做生意有利的場所會被當地領主與其相關人士，自然地加以獨占（而領主也能從這些場所收到稅金）。樂市令就是要透過排除所有一切這類既得權利，來促進新人參與、活絡商業，從而創造出一種淘汰能力低落、既得利益者的架構。

「樂市」的實態

可是看看實際頒布樂市令的地方，我們很難說它是意在剝奪既有市場的特權。因為樂市令的發布，只針對已經荒廢的市場還有新設的市場而已。

雖然樂市令常常給人一種「信長發出的專賣特許」印象，但現在也已經知道這並非信長所獨創。關於以上幾點，讓我們來看看以下的事例：

現在所能見到最早的樂市令其實並非出自信長之手。天文十八年（一五四九年）十二月，以近江國觀音寺城為根據地的六角氏，做出了將其視為城下的石寺新市（滋賀縣近江八幡市）認定為「樂市」的事例（《今堀日吉神社文書集成》一〇八）。石寺被稱為「新市」，亦即新設置的市場，從同一份史料來看，其他既有的市場並沒有被六角氏認可為樂市。

信長在永祿十年（一五六七年）十月，對美濃國加納（岐阜縣岐阜市）頒布首次樂市令（《增訂織田信長文件之研究》七四）。這份樂市令除了稱呼加納為「樂市場」之外，還下達了以下三點命令。參照蒐集分析織田信長文件的奧野高廣先生的解釋，這些命令的內容如下（不過也有我自己補充的部分）：

一、移居加納市場的人，可以保證在信長的分國中自由往來。不只如此，過去的借款、借米，還有今後的地子（地稅）、諸役都可以免除。即使是「譜代相傳之人」，也不得予以妨礙（關於這點有種解釋說，是指不得將從別處移居此地的人帶回原籍）。

二、不得押買（強迫購買商品）、狼藉（施暴）、大聲擾攘、爭吵。

三、不得（以徵收借款或諸役為名義）非法派遣使者進入市場。這些使者也不得投宿，或做出其他不法的要求。

從這裡可以解讀出樂市令的意圖，是要排除過去的特權，促進自由的商業交易。只是，加納並不是信長將岐阜納入支配下後新設置的市場。加納從齋藤氏時代起就受到名為圓德寺（當時叫做淨泉坊）的真宗寺院所支配，而在淨泉坊的監督下也有市場的存在。這道樂市令是信長消滅齋藤氏、將根據地轉移到岐阜不久後發布，因此可以想成是要促進因為戰亂暫時荒廢的加納復興，所採行的政策。常有把加納當成新設的市場、也就是安土的原型（前例）來思考的情況，但事實並非如此。

「德政」的變體？

話說，在命令一中，有「免除過去的借款、借米、地子、諸役」這項規定。所謂地子，指的是以土地為基準課徵的役錢（也就是固定資產稅），主要是針對都市的房屋用地進行課稅（和針對家宅課徵的棟別錢類似，但又有所不同）。諸役雖如文字所述，是指各式各樣的役，但應該主要是指臨時的商業課稅或軍費徵收。正因如此，命令一的主要著眼點，就是包含借款在內，將過去所課徵的各種役全部加以免除。

在中世社會，當權力者改朝換代的時候，有將借款一筆勾銷的「德政」這種慣習。德政雖然常常是在民眾要求下，由權力者發出命令，但命令一的內容，也可以視為和這樣的德政相當。雖然連人們彼此往來的普通借款也都一筆勾銷，未免有點過於蠻橫，但畢竟是給予被累積債務逼到走投無路的人一條救濟管道，所以我們也可以將之理解成在加納復興中，給他們一次「重新挑戰」的機會。

可是，在這裡作為免除對象的借款、借米，真的是指一般的借款嗎？雖說是了不起的大名權力，但他們又能介入民間契約、對之干涉到什麼地步？如果想成因此產生糾紛時大名會負起調停的責任，這樣或許就能夠理解，但信長真的會負責到這種地步嗎？事實上，織田氏在關於這方面的審判活動上，並不是相當頻繁。如此一來，不免會給人一種「雖然推出德政，但之後的麻煩一概袖手不理」，也就是口惠而實不至的權力印象。

這樣一想，成為免除對象的「借錢、借米」，與其說是單純的民間借貸，不如說是以對過去大名權力（以美濃的情況來說是齋藤氏）產生的負債（也就是未繳清的年貢等）為主，這樣的可能性還比較高。當時，權力方常會把未繳清的年貢代換成借款，再加上利息。這裡所謂借錢、借米，指的應該就是這個吧？因為是作為權力徵收稅目的地子、諸役並列，所以這個推測的合理性很高。若是如此，那不過就是毀棄舊領主的債權罷了，即使是行使稱為樂市的德政，新領主信長也不會感覺到半分肉痛。不只如此，他還可以充分期待那些被舊領主年貢逼到逃亡的人們，因此被召喚回來的效果。

在命令一當中，還有一句禁止「譜代相傳之人」妨礙的命令。「譜代」一般都解釋成織田氏的譜代家臣，但或許並非如此，而是指從齋藤氏時代起，便代代擁有對加納徵收年貢、地子權限的人。信長雖然把許多曾侍奉齋藤氏的人員引進為家臣，但在這當中或許也有人具備徵收年貢、地子的權力。故此，將這條規定想成是禁止他們任意進行徵收，或許比較吻合事實。

順道一提，在命令三中，也禁止了由不遵從命令一的人所進行、不被認可且不正當的徵收行為。那些無論如何都想徵收借款（未繳清年貢）的人，有可能會親自出馬或派手下緊盯著市場，當徵收對象拿到錢的瞬間，就瞄準機會動手。禁止為這些人提供住宿，也是為了不讓他們埋伏起來進行不法徵收。這樣的條款在其他大名的樂市令中也屢見不鮮。當市場成為徵收現場時，很有可能會演變成大亂鬥；這樣的治安惡化也是大名們深感警戒的事項。

三、安土的樂市令

樂市令的內容

作為最具代表性的樂市令廣為人知的，大概就是織田信長對安土城下町發布的法令了吧？究竟這是否真是展現出信長「革新性」的政策，就讓我們接著看下去。

壓制美濃之後，信長尊奉足利義昭，擊潰了近江的六角氏，於永祿十一年（一五六八年）九月成功上洛。但是信長自己在這之後仍然以岐阜為根據地；多是因為南邊的伊勢國、伊賀國還未平定，且要留意北面越前國朝倉氏的動向之故。不只如此，更需要留意的是盤踞東方的武田信玄。包括上洛後關係立刻變得險惡的足利義昭在內，周圍的反信長勢力在一五七〇年代前半一齊反撲；在這種情況下，將根據地設在堪稱易攻難守的京都是相當危險的。

可是就如大家所知的，到了元龜四年（天正元年，一五七三年），對信長而言相當幸運的轉機降臨了；武田信玄在侵略三河的戰陣中過世，信長也成功將關係不可能修復的足利義昭從京都放逐出去。接著信長討滅了朝倉氏，整體權力暫時脫離了險境。這時信長看中了新的根據地，那就是位在琵琶湖畔的安土。天正四年（一五七六年）正月，他開始築城與建立城下町，歷時建造而成的豪華絢爛天主（天守），被認為是朝統一事業邁進的「天下人」信長，在視覺上展現的存在象徵。

配合城郭建設，將根據地從岐阜轉移到安土的信長，在第二年（天正五年）六月發布了安土城下町專屬的樂市令（《增訂織田信長文件之研究》七二二），全文由十三條構成，相當龐大，不過接下來還是一一加以介紹：

一、安土的城下町為樂市，所有的座、役、公事等一律免除。

二、往返的商人不能直接走「上海道」（東山道、後來的中山道），而是必須所有人都在安土投宿。只是若有運載貨物者，則依貨主的需求而定。

三、普請役（建築、土木工程的勞役負擔）可以免除。只是，信長出戰或是前往京都，命令被官眾留守的時候，仍然必須協助。

四、傳馬役（伴隨運送用馬匹而來的勞役負擔）可以免除。

五、關於火災，如果是縱火的話，不會追究起火處的責任。如果是失火的話，則應究明原因，然後將該家的主人放逐。只是，依狀況不同，罪責也有輕重之別。

六、關於咎人（犯罪者），如果該人是租屋居住者或同居人，且屋主並不知該人底細、也不曾協助犯罪，則不會追究屋主的罪責。至於犯罪者本身，則應究明責任並加以處罰。

七、關於各項物資的買賣，即使當中有贓物，只要買主是在不知情狀況下買下，就不會被問罪。但之後若被證明是贓物，則應遵循古法，將贓物歸還原主。

八、在分國中即使實施德政，也不適用於安土。

九、若從其他國或其他地點搬遷到安土居住，則會被視為和之前已經居住的人同等，即便過去是某人的家臣，也都不成問題。如果自稱給人（主人）者要對這些人臨時課徵賦役，應予禁止。

十、大聲擾攘、爭執、國質、所質、強買、強賣、「押借」旅館（強迫對方讓自己住宿）等，一律禁止。（所謂國質、所質，是作為抵押強綁人質的行為。徵收對象不是附近的人，而是同一國的居民，將之作為抵押強迫綁走的行為，稱為國質。所質則是稍微有點地域限定，在村莊等單位中強迫綁人的情況。）

十一、當要向鎮上派遣譴責使（負責徵收等的使者）時，必須向福富平左衛門尉、木村次郎左衛門尉兩人（安土城下町的奉行）事先提出申請，並究明是非。

十二、居住在鎮上的人，即便是奉公人（家臣）或是各種工匠，都可以免除「家並役」（地子等役錢，或是以家為單位課徵的勞動服務）。不只如此，在信長命令下獲得俸祿、得以居住在此的人，以及御用的各工匠，都必須個別對應（也有一說認為，這些人是不能免除地子的）。

十三、關於博勞（馬的交易），近江國中的馬匹買賣，全都要在安土進行。

具有這麼詳盡條文的樂市令在此之前完全不存在，而這也成了信長的特異性令大家印象深刻的要素之一。其中特別值得注目的是第一條。信長在宣告安土是樂市的情況下，高唱諸座、諸役、諸公事等的免除。以下各項關於諸役免除的規定，基本上都可以理解成是依循命令一的個別規定。

前面提到樂市令也被稱為樂市、樂座令，但在這裡的命令一中，包含的是「樂市」這個術語。按照一般的辭典，所謂樂座，指的是廢止在市場上生產、販賣特定商品，擁有壟斷權的工商業者行會——「座」，讓其他商人也能自由營業（《日本國語大辭典》）。

具有生產、販賣壟斷權的座，在中世是受到天皇家、攝關家以及大規模寺社等上級權力的保護，被賦予特定商品販賣壟斷權的特權商人集團。比方說米有米座、油（燈油）則有油座，這些座被組織起來，再做為大消費地的京都，不是座的成員，就不被允許販賣。生產者如果不經由座的成員商人，同樣無法進行販賣，因此這些人也壟斷了特定的物資，需要這些物資的上級權力，在賦予這種獨佔權的回饋方面，也得以接受安定的物資供應（獻上）。

「自由交易」的內在實情？

從以上架構可以看出，座是一種寡占（卡特爾／壟斷）的典型。對經濟結構有點常識的人都知道，卡特爾會讓零售價格上升，強加負擔在一般庶民身上，從總體來看會抑制消費，因此座可說是阻礙經濟發展的要因。

故此，樂座被評價為對經濟發展有重大貢獻的「劃時代」政策。不只如此，因為座仰仗權力為後盾，被視為中世權威的象徵性存在，因此信長政策將它徹底捨去，正是對中世的否定，從而也受到很高的評價。在戰國時代的京都周邊，隨著中央權力的衰弱化，有許多不具備座特權的新興商人登場，和特權商人展開角力。信長之所以剝奪座的特權，也是著眼於新興商人旺盛的商業活動，意圖將他們招攬到自己的城下建立新的商圈，從而促進經濟成長；如此一來，應該會為領地整體帶來著實的經濟成長。

然而，如果說信長打算排除的對象是鎖定以京都為地盤的座，那就有點不對勁了。毋寧說，當時在地方上的近江國，也有地緣關係密切、建構起特權的商人集團，因此信長直接的目標，就是要剝奪這些商人集團的特權。當時的近江國以琵琶湖東岸地域（湖東）為中心，有好幾個掌握地方物流的地域性商人集團，彼此間的地盤之爭堪稱激烈至極。

其中一個有名的集團，是以該國蒲生郡得珍保今堀鄉（滋賀縣東近江市）為根據地，稱為保內商人的商人集團。和其他商人集團相比，他們算是新來者；為了和以湖東為中心、已經在重要流通路徑占地為王的敵對商人集團對抗，他們接近信長以前支配近江的六角氏，屢屢以其權力為後盾，透過訴訟等手段來擊潰對手。在近江像這樣的商人集團有好幾個，他們透過和戰國大名的勾結來確保座的特權。作為江戶時代大獲成功的近江商人根源，他們的頑強活動由此可見一斑。

信長在安土設想的樂座，就是一種打算從這類地域商人集團的地盤之爭中獲得解放的政策。在信長之前，六角氏發布的石寺新市樂市令，其實是因應保內商人的訴求，要否定主張自己有販賣紙張特權的犬上郡枝村商人（滋賀縣豐鄉町）在新市的壟斷販賣權。

換言之，當時近江的樂座政策，只是白熱化的地方商業活動和權力勾結，透過這種方式讓經濟成長不致鈍化下推出的產物；故此，對信長在安土的樂座政策也予以同等考量，方為妥當。將安土的樂座視為震撼整個日本，先驅且劃時代的政策，其實是過度高估了。

話又說回來，第八條也很值得關注。信長發給美濃國加納的樂市令，是訴求戰後復興、以及新領主改朝換代的德政宣言，但在這裡卻發出「安土不適用於德政」的宣言。單純來看，信長是採用了截然相反的政策，感覺充滿了矛盾；關於這點又該做何思考呢？

說到底，信長這樣做的理由，是依據作為對象的城鎮背景。和身為新支配者、處於君臨階段的加納相異，安土是在以已經處於信長支配下的地域，建設起新的城鎮。故此，信長在安土完全沒有必要顧慮過去的來龍去脈。比起這點，他更期待今後的發展，以及伴隨而來的金融活動活潑化。在商人擔心強制勾銷債權、發布德政的情況下，搞不好會產生「信用緊縮」，從而對經濟發展造成阻礙；宣布在安土不實施德政，正是不要讓人產生這種後顧之憂的細心考量。

對新城下町安土的關照

然而，安土在信長到來以前其實並非一塊不毛之地。位在安土山麓的豐浦，在信長入主之前就已經存在村落，而信長的城下町建設，也是把豐浦以都市化的型態加以整頓起來，這點都獲得了證實。豐浦在過去原本是位在奈良近郊的藥師寺之莊園。話雖如此，大概到十六世紀下半葉的時候，它已經喪失了作為莊園的機能，故此沒有必要為了否定舊有的權益而在這裡發布德政。因為德政的否定，等於是宣示要維持舊有的權益，因此條文八或許也有誘導一直以來居住在這裡的居民，讓他們保留既有的土地權利（安堵），並持續定居下來的意思在。從這裡也可以窺見信長為了新城下町的開發絞盡腦汁的樣子。

關於城下町的建設，就像第三條所示，安土的居民是可以免於動員的。或許是意圖減輕居民負擔、增加移居者之故，當地的建設工程，是由家臣與其下屬（家來眾）來負責。在樂市令發布的同一年，也就是天正五年（一五七七年）六月，羽柴秀吉發布了一份有關「協助天主建設之眾」的命令（《豐臣秀吉文件集》一三八）；在這份史料中，列出了作為「協助之眾」的淺野長吉（後來的長政）等秀吉的弟弟們，並分配他們各自應動員的下屬人數。

這時候合計動員了二百二十一人，秀吉命令他們分三班來「協助」天主的建築，也就是一天由一班負責，三日一輪的行程表。動員的下屬包括了侍奉弟弟們的奉公人（武士）以及各種所謂的工匠。當人手不足的時候也會徵發居民，但這種時候就不是單純的勞動，而是要支付日薪。日薪的金額以當時水準來說，大約是錢一天一百文。很多時候是用米來支付，這種情況的行情價則是一斗左右；換算成現值大概是六千到七千圓不等。雖然以現在的價值觀來看並不能算是相當優渥，但已經算是不差的水準了。然而，當時的勞動時間是從日出到日落，比現代的時間來得更長，如果是在氣候嚴酷、勞動時間漫長的夏天，勞動者要忍受的負擔就更重了。

接著讓我們看看條文十一；我們可以看到應該是安土行政負責人的名字——福富平左衛門尉（本名為秀勝）以及木村次郎左衛門尉（本名為高重）。福富是從尾張時代就侍奉信長的馬迴（親衛隊），所以或許是負責維持安土的治安。

另一位木村次郎左衛門尉則是建設安土城的關鍵人物。他在信長踏足近江以前，就是支配存在於安土山麓的重要據點——常樂寺港的當地領主。常樂寺港在安土開發之前就是琵琶湖水運的重要據點，將當地領主、長於流通事務的木村拉攏過來，對信長而言也是很重要的。木村過去曾侍奉於以觀音寺城為根據地的六角氏，但在信長到來後便跟隨他，後來也有負責京都皇居普請業務的經歷。木村作為織田家中最熟悉安土當地的人物，不只在安土城的普請中扮演核心角色，同時也被任命為城下町的監督。

順道一提，在本能寺之變爆發的第二天——天正十年（一五八二年）六月三日，鎮守安土城二之丸的蒲生賢秀退兵後，由木村代為守護該地（《信長公記》）。之後受到明智光秀攻擊的木村，在城下的百百橋奮戰陣亡。他大概是對建築「信長之城」充滿自負，所以決定與之同殉吧！

最後的第十三條中，命令馬的買賣必須在安土進行。雖然這是因為馬被當成軍事物資加以重視，但也有讓安土調度馬更方便，以及監視、規範敵對大名領國對馬交易的目的在。

樂市令有效嗎？

以上我們看過了安土的樂市令，但這裡會浮現出一個疑問：以信長為首的戰國大名，紛紛使用頒布樂市令等政策來促進領內經濟活動的活絡，但就像加納樂市令的第一條所述，這其實是給予諸役免除，也就是免稅的特權。之後信長在安土發出的樂市令也是如此，就算不高唱樂市，也有很多時候會給予流通據點免稅特權。可是如此一來，雖然免稅的這些市場在商業交易上，會有某種程度活絡起來，但這對大名的口袋豐裕其實沒有直接的關係。既然如此，那為什麼大名又要推進這樣的政策呢？

這個問題最直接的解答，就是透過諸役免除振興商業，從而為大名領國整體的經濟發展做出貢獻；而這種貢獻最終的結果，就是以年貢增收等形式，回歸到大名手上。此外，從富裕商人手上徵收到各種獻金也是可以期待的事。事實上，信長在上洛後的永祿十一年（一五六九年）就有對堺課徵「矢錢」（均資金）的事例（〈細川兩家記〉）；同時堺的商人今井宗久也另外弄來了至少數百貫文的「禮錢」（〈今井文件〉）。透過從領內利益提升的商人那裡獲得獻金（賄賂），這種與徵稅形式迥異的收入是可期待的；在這點上，信長或許是學習父親信秀在津島的作為吧！

整飭好獻金的架構還有可以削減徵稅所需成本的好處。徵稅需要整理徵稅對象的名簿，負責徵稅者的人事費也相當可觀。此外在徵稅之際發生可預料的麻煩（比方說舉發逃漏稅等），應對也需要成本。獻金這個體系，正有可以省掉這些工夫的好處。

四、樂市令與經濟重組——德政、物流復古政策？

織田信長在天正三年（一五七五年）到四年間，在領內各地發布德政。天正三年六月在伊勢國，信長的次子北畠信意（後來的織田信雄）成為北畠氏家主；接下來的七月便在該國發布德政。這項德政除了免除借貸和未繳的年貢外，也命令要把土地還給原本的賣主。賣掉土地的強制歸還，從鎌倉時代開始就以德政的代表性特徵而廣為人知，在這時候也被採用。這是為了救濟那些無法償還借款，從而喪失土地百姓的措施。

同年十二月，負責攻略丹波國的明智光秀也在該國發布了德政。這項德政是發給在他攻略下被納入支配的地域（只是，第二年因為波多野氏的背叛，光秀暫時從丹波國撤退了）。在這裡，德政也是高舉對貸借和未繳納款項的撤銷。除此之外，天正四年在河內國內也發布了德政。這些事例，跟期待征服地復興的加納樂市令德政屬於同類政策。

另一方面，天正三年七月信長也在京都發布德政。這項德政是發給京都以及近郊的公家眾和寺社，要他們歸還賣給他們的土地，並承認借款一筆勾銷。這項把對舊有領主階層各式各樣負債加以免除的政策，自古以來便廣受注目，通常被視為信長對朝廷的保護政策一環，也被評價為對新統治權力登場的宣示政策。只是，因為德政的內容極度具有中世特色，和革新的印象呈現極端對比，所以也被評為復古性政策，從而在專家間引起了各式各樣的議論。

縱觀整個中世，德政大多是以將軍等的改朝換代為契機發出，換言之就是一種帶有恩赦性質的政策；故此，它也是一種政治意義強烈的法令。這個時期的信長，正是暫時解決了和本願寺的紛爭，可以好好將目光投向內政的時期。他對京都周邊的征服地宣示新領主的「改朝換代」，並透過對未繳清年貢的免除等附帶優惠，希望能讓當地的人們歡迎信長擔任領主。

另一方面，就像我們在加納的事例中所提及的，在已經納入信長支配下地域的人們當中，有可能有人對新歸入織田領國的地域保有既存債權。這些人也會在這樣的德政下被強制要求放棄債權。不過正如安土樂市令的第八條所示，安土的居民或許會被認定為在德政的適用範圍之外。在德政恐怕會導致放棄債權的不安驅策下，其他地域的居民——應該多屬在各地持有債權、比較富裕的商人——很有可能選擇移居到德政除外的「特區」安土；這就是信長心中的期待。

話又說回來，樂市令中相當於德政的借錢、借米免除條文，不只是如前所述要免除居民的負債，更有別的盤算在。信長在征服戰的時候，會從成為戰場的地域，強制性地向商人和百姓調度軍資金與兵糧米（簡單說就是強奪）。若是在勝利占領後不久馬上發布德政，則信長和他的下屬強迫調度的軍資金與兵糧米，就會成為免於歸還的對象；因此這事實上是將亂取加以合法化，而成為掠奪對象的庶民也無從反抗。這就是這個時代的現實。

有人指出事實上從十六世紀下半葉起，庶民對德政的印象變得極端惡化。原本應當是要救濟庶民的德政，卻被看成是一種擾民的政策；這是因為究其實質，庶民在戰爭中失去的很有可能不是借款（債務），而是貸款（債權）。

有效性？

安土樂市令的第二條，從評價信長特異性的視角出發，相當受到矚目。這項條文被認為是透過對往來商人賦予在安土住宿的義務，把商人強制召喚到新建安土城下町的政策。之所以如此，是因為安土位於遠離陸路主幹線「上海道」（後來的中山道）的場所，光是坐著等待商人是不會自己繞過來的。於是信長採取了這種強硬政策；這是在其他大名那裡看不到的原創性，且透過這樣的法令，也能給大家信長權力強大的印象。

可是在此同時，這項條文實際的機能究竟如何，並沒有經過驗證；或者該說，驗證起來相當困難。對安土城下町的發掘調查直到現在仍在持續；從結果可以得知，它確實發展成了一定程度的城鎮，可是有沒有如信長所預期的那樣發展，我們就無從得知了。不用說，光是期待商人遵守第二條是不可能具備機能的。為了讓商人強制住宿需要相應的強制力，比方說在街道上設關卡，把在安土的住宿證明當成過關條件之類，可是現在並沒有留下任何證據證明信長有採取這樣的措施。相反地，因為信長徹底執行了撤廢領國內關卡的政策，所以自己又設置關卡是很難想像的事。

故此，很有可能信長對商人自發性地遵守法令是抱持過高期待了。就像荒木村重和松永久秀這類廣為人知的例子，信長常會遭到自己信賴的家臣所背叛，而他最後也是遭到心腹明智光秀背叛，從而喪失了性命（至於這當中的來龍去脈，因為已經有太多以此為主題的書籍，所以這邊就一筆帶過吧）。

之所以會之招致這樣的情況，有人指出很可能是因為信長性格帶來的影響。據金子拓先生所言，信長生來就是一副太過信任他人、從而錯誤解讀對方心思的個性。第二條不用說，也是信長這種性格的體現。信長發布的撰錢令（後面會提及）也是如此，雖然其內容的特異性獲得了革新的評價，但另一方面，當論到實際上人們是不是會遵守時，則有很多人對此評價相當微妙。

換言之，信長儘管推出了第二條，但實際效果究竟發揮到什麼程度，則是另外一回事——不，我們可以說實際效果並不大吧！在端出獨創性政策這點上，信長確實相當卓越，但另一方面，對於為了讓這種政策發揮效果所必須進行的準備與事先策之姿，無疾而終。

疏通，他則是漠不關心。故此，第二條政策最後很有可能是以不具備實效的突兀政

保護既得權益的政策

說到底，信長究竟有沒有把樂座政策拓展到整個領國當中，其實是很有疑問的。從他滅亡朝倉氏、將越前國納入支配下後的政策來看，實在讓人感覺不到是透過樂座，一味朝向實現自由交易的實現邁進。接下來就讓我們看看他在這方面的施政。

在從京都放逐足利義昭後的天正元年（一五七三年）八月，信長滅掉了背叛自己的妹夫淺井長政，以及在背後支持義昭的越前國大敵朝倉義景，將他們的領國納入手中。在義景自殺的同年同月二十日，信長火速將事情的來龍去脈記下，寫成一封給上杉謙信的書信（《增訂織田信長文件之研究》三八五）。雖然越前的支配並沒有馬上安定下來，該國的真宗門徒紛紛揭竿而起，情勢一度陷入混亂，但在天正三年（一五七五年）八月，大亂終於整個平靜下來，重臣柴田勝家坐鎮該國的北

庄，確實展開了支配。北庄在朝倉氏將一乘谷建為根據地前，就是他們控制的水陸交通要衝；信長滅亡朝倉氏後並沒有選擇復興一乘谷，而是把已經具備都市機能的北庄當成據點。

在朝倉氏滅亡五天後的天正元年八月二十五日，信長對北庄的商人發出一份證明文件，上面這樣寫道：「北庄三村的輕物座之事，毋庸置疑將按照以往權益，獲得安堵。」（《增訂織田信長文件之研究》三八八）收下這份文件的，是北庄商人公認的領袖、叫做橘屋的商人。

正如文件所示，橘屋應該是一手掌握輕物座的商人。所謂輕物，指的是當時越前國的特產——絲絹。北庄的輕物座，是擁有越前國所產絲絹壟斷販賣權的商人組織，其權益至少自朝倉氏支配時代起就已存在。簡單說，信長在新納入支配下的越前國之戰後處理上，是反樂座而行，照章給予舊有商人特權的安堵。或許是因為信長在戰亂之後改朝換代的混亂期中，重視的是讓社會情勢迅速安定下來，所以他並沒有採取將既得權益連根拔起的粗暴政策，所以才盡可能抱持同情的態度；但在這之後，他也沒有排除輕物座的權益。由此可知，信長並沒有把樂座政策當成首尾一貫的策略，而是會因應時間與場合施行。

輕物座的權益安堵對既有商人而言並非全然只有好處；信長在這方面也不是好說話的。同年九月五日，這次是瀧川一益、羽柴秀吉、明智光秀三人聯署，要橋屋三郎五郎認可以下這份文件（〈橋榮一郎家文件〉七）：

「關於你的身家財產，正如（信長）御朱印的內容所述，務必要銘記按照舊例，好好履行諸役等事務。」

這裡的「御朱印」（指「天下布武」的朱印），指的是前面所見、信長給予輕物座安堵的文件。而從「按照內容履行諸役」這句話，可以得知信長給予輕物座安堵，並不單單只是保護擁有絲絹壟斷權的商人利益而已，商人方面伴隨這種權益，也要產生相對的義務。這種義務在這裡雖然稱為「諸役等事務」，但說穿了就是給權力者的回扣、獻金。自朝倉氏時代以來，權力者給予輕物座絲絹販賣壟斷權的安堵；作為代價，其利益的一部分則須以「諸役」形式加以上繳，從而形成一種體系。這體系正是名符其實的座特權，但信長並沒有透過樂座將之否定，而是繼承朝倉氏的權益，將它當成自己的權利保留下來。

天正二年（一五七四年）正月，信長將「役錢」的具體內容通告橋屋，其中規定每個人應繳納「上品」的絹一疋（〈橋榮一郎家文件〉九）。原本繳納的應該是錢，但信長卻指定要繳納實際的絲綢（絹）。「疋」是絲綢的長度單位，雖然會隨著時代改變，但當時的一疋約為四丈（約十二公尺）左右。在同一封文件中，信長也指示說，即使擁有諸役免除「御朱印」的人也不得豁免，都有繳納役錢的義務，所以要對來往商人徵收役錢十疋（一百文）。光從這點來看，這和之後發布的安土樂市令，完全是兩極化的政策。之所以如此，或許是因為北庄也是既存的城鎮，和必須從零開始集客的安土，在對應上有所相異的緣故吧！不管怎麼說，這時候信長政策的特徵，就是認真保護既有商人的特權。

現實主義者信長

天正三年由柴田勝家進行直接統治後，一開始也直接承襲了上述的政策。可是在第二年，也就是天正四年（一五七六年）九月，勝家對橘屋發出了以下的指示（〈橘榮一郎家文件〉一三）：

「雖然我（勝家）提出要各種商業進行樂座，但關於輕物座和唐人座，仍可按照（信長的）御朱印，以及我去年的指示來對應。至於商人眾中的規定，請務必好好制定。」

這時候柴田勝家想要的，是讓城下的北庄適用樂座；大概是他判斷在整飭新城下町的過程中，樂座對振興商業很有效果吧！或者說，他是要仿效當時正在進行的安土城建設（雖然安土城的樂市令本身，在第二年才頒布）。

勝家打出樂座方針，讓橘屋以下擁有過往座特權的商人全都進退失據。看到他們力陳希望能夠保護特權，勝家才給了橘屋上面那份文件。根據這份文件，輕物座和唐人座（處理藥材的商人集團）可以按照以前信長和勝家的安堵，以役錢為對價保持特權。勝家對權益安堵的鄭重許諾讓橘屋鬆了一口氣。當然，對勝家而言，從他們手上徵收的役錢也是重要財源，所以自然不可能輕易放手。

正如以上的事例，即使宣布樂座，還是會在權力者與既得權益者間的交涉下，產生出從適用範圍除外的狀況。這對權力者不用說也有好處，畢竟可以期待透過保障特權獲得某些回饋。只是，這並不單單是惑於眼前的利益而已。當意圖在新土地上確保安定的支配與財源時，直接繼承、使用以前權力所保持的權益，反而是更現實的做法。作為新領主，被地方上眾人接納無疑是讓支配安定最重要的事務；因此，胡亂莽撞地剝奪當地既得利益者的權益並非上策。話雖如此，全面保障座特權也會成為經濟發展的阻礙要因。故此，該保障誰的特權、又該剝奪誰的特權，是必須慎重進行政治判斷而為之的。

如以上所見，認為織田氏意圖全面排除中世的商業體系，這樣的評價並不完全正確。事實上，他們也有不少直接保留舊有體系的情況。可是，要因此批判信長只是拘泥於中世的舊慣，或說他不過是舊有的權力，也是太苛刻了一點。對於在戰亂造成的社會混亂之中，經常以新征服者的身分進行統治的信長而言，透過迅速的戰後處理讓動盪平靜下來，是至關緊要的政策課題；因此最重要的無疑就是當地民眾對這方面的要求。

特別是當民眾強烈要求維持舊有權益的時候，認可這點讓他們安心，也是最好的策略。即使在後來形成更強大權力的豐臣政權下，情況也是如此。信長雖然有革新性的先驅形象，但他並非一味推行跳躍式的政策，造成社會混亂，而是除了部分政策外，都是確切選擇了具現實性的路徑。對於這點，我們反而應該給他很高的評價。信長卓越的經濟感，正是在這樣的態度中表露無遺。

第六章

大航海時代與戰國大名的貿易利潤

正如第四章所提及，隨著石見銀山的開發，產出了大量的白銀。由於白銀在世界經濟中已經屬於國際通貨，因此日本的白銀對奔走世界各地的貿易商人來說是令人垂涎三尺的目標。於是，從世界各地奔赴日本的人不斷湧現；另一方面，戰國大名們也透過貿易獲得奢侈品與軍需物資（特別是鐵炮要用的硝石與鉛彈等），從而崛起。在本章中，我們就來看看當時的狀況。

一、戰國時代的東亞貿易

在冊封體制中

首先我們要看的是十五世紀下半葉到十六世紀上半葉，日本與周邊各國的貿易情況。

這時候日本最大的貿易對象國當然是中國。可是當時的明朝實施海禁，民間貿易被視為違法行為，中國人也被禁止航行海外。故此，要和中國合法進行貿易，就必須透過統治者接受明朝皇帝的「國王」稱號，向皇帝進行朝貢（獻禮），然後再由皇帝賞賜（回禮），這樣的外交儀式才行。這種關係稱為冊封關係，以日本的情況來說，稱為「室町殿」的人物，也就是日本國王，是被認可為交易對象。室町殿是足利將軍家的家長，但不一定要是現任的將軍。比方說最初被賜予日本國王稱號的足利義滿，當時已經辭去將軍職位，將將軍一職讓給了自己的兒子義持。

就這樣，以大概十年為一個週期，日本這邊會組織船團，派遣貿易船前往中國。話雖如此，構成船團的貿易船並非全由幕府準備，有力寺社與守護一般來說也會從幕府那裡買下派遣的權利，並準備貿易船。不論如何，這對幕府而言事實上都是重要的收入來源，特別是足利義滿在建造金閣等豪華絢爛的宅邸——北山殿時，毫不吝惜傾注的都是這方面利益。順道一提，當時日本從中國輸入的產品，雖是以作為美術品和實用品，需求很高的陶瓷器與絲織品為中心，但也會帶回明朝鑄造的錢（明錢）。至於日本這邊，除了十五世紀起盛行生產的銅以外，硫磺和刀劍的輸出也很多。對經常要和蒙古等北方民族作戰的明朝而言，這些能夠轉用為武器彈藥的事物，是他們相當喜歡的東西。特別是沒有大型硫磺產地的中國，對作為火藥原料必須的硫磺，需求量總是相當高。

可是應仁之亂後，整體的形勢為之一變。隨著將軍家本身一分為二、長期進行權力抗爭，分別支持自己將軍的細川氏與大內氏，遂成為派遣貿易船的主體。大永三年（一五二三年），兩股勢力在中國方面的貿易窗口寧波甚至演變成騷亂事件。之後兩者又好幾次派遣貿易船，但在天文十六年（一五四七年）最後一次派遣官方貿易船後，就宣告中斷了。此外，在石見銀山開發後，貿易船也把許多作為國際通貨需要的白銀帶進中國。

與朝鮮的貿易就大原則而言，也是在冊封下，以國王之間對等的外交架構來進行，但實質上是以對馬島主宗氏為媒介；不只是幕府，包括大內氏、大友氏、島津氏等西日本的有力守護，都從朝鮮那裡獲得貿易許可，得以派遣貿易船。可是邁入十五世紀下半葉後，博多商人常會偽裝成上述權力的使者，逕自頻繁派遣貿易船前往朝鮮。於是朝鮮對這種貿易進行規範，結果引爆了貿易商人的不滿，永正七年（一五一〇年）在朝鮮半島的貿易窗口——三浦（三座貿易港），就爆發了叛亂。

朝鮮鎮壓叛亂後，對日本的貿易變得更加消極，但就像先前在石見銀山的例子中所見，以博多商人為中介的貿易仍在持續。日本大量輸出銅和硫磺等礦物資源，另一方面也透過和琉球的貿易帶回東南亞產的香料與辛香料。只是，就如前面所見，在石見銀山開發後，日本幾乎都只輸出白銀而已。另一方面，從朝鮮輸入日本的則是以藥材著稱的朝鮮人參，以及許多寺院渴望的經典——大藏經。邁入十六世紀後，棉花也開始輸入日本。

琉球作為中國的冊封國，和中國的貿易船往來比日本更頻繁；十五世紀時，它作為中繼貿易的據點獲得了很大的發展。另一方面，因為與東南亞的貿易也很昌盛，所以也有很多東南亞的特產品被運進琉球。日本透過和琉球的貿易，不只得以購入中國產的物資，也買進了許多東南亞的產品，其中大多是香料與香木；其中作為香木的一種、也可以當成建築材料的紫檀，特別為日本權力者所珍視。和琉球的貿易雖然也是由幕府掌握主導權，但大內氏與島津氏等西日本的守護也會自己進行貿易。

再將目光投向北方，雖然沒有明確的國家權力存在，但十五世紀時，日本和居住在現今北海道的愛奴人之間，交易也很盛行，日本也有領主階層的人涉足當地，各自建構城館（道南十二館）。雖然屢屢爆發像是胡奢麻尹之亂這樣的糾紛，但到十六世紀，當地與本州的交易仍然在持續。從愛奴運來的物資中，特別為日本珍重的是昆布。許多昆布經由日本海運送到京都當成贈答品使用，讓日本貴族階層忍不住垂涎三尺。除此之外還有熊、海獸等的毛皮，也作為特產品被帶到日本。

如上所述，由於貿易與外交基本上不可分，所以權益幾乎都由幕府所獨占，但在應仁之亂後，就由從守護升格為戰國大名的領主繼承其主導權。雖說貿易的自由度慢慢增加了，但另一方面，圍繞貿易權的競爭也變得激化，在中國與朝鮮也屢屢發生衝突。畢竟考慮到對大名財政的影響，這是無論如何都必須保持的權益。

「倭寇」的登場

十六世紀，隨著幕府權力的動搖，東亞的貿易情勢也產生了變化。對這種情勢產生重大影響的有石見銀山的開發，以及下一節會提到、稱為「南蠻貿易」的與歐洲勢力貿易，但其中最重要的是發生在往來東海人們之間的變化，也就是被權力方稱為「倭寇」的人們登場。

這些從一五四〇年代左右起，便被東亞各國單方面稱為「倭寇」的人們，常被視為是反覆進行襲擊商船或掠奪等違法行為的海賊集團。雖然稱為倭寇，但他們實際上並非單純以掠奪維生的區區海賊集團而已；相反地，他們在一般時候也是擺出一副貿易商人的樣子。就像我們屢屢提到的，在海上從事交易的人們具有不能一概而論的多面性。當然在他們身上，我們可以看到作為海賊、不斷進行掠奪與殺戮的暴虐一面，但另一方面，他們也會盡可能在和平的情況下，持續展開商業交易。

此外，和倭寇這個稱呼相反，他們並不是只由現代意義上的「日本人」所構成；除了有被稱為「佛郎機」的葡萄牙人參與之外，也有許多以華南沿海為據點、中國出身的走私商人參與其中。實際上明朝人才是倭寇的核心，而被視為核心人物的，是以寧波外海的舟山群島為據點、統率走私集團的王直。王直雖然是中國出身，但也在日本的五島和平戶設立據點，從一五四〇到五〇年代間，不斷推動中日間的走私貿易。事實上，王直正是把鐵炮帶進種子島的葡萄牙人所乘坐那艘船「五峰」的船主。不過王直在明朝征伐倭寇的過程中遭到逮捕，並在一五五九年被處死。

就像往來日中的王直這樣，被稱為倭寇的人們並非單一族群、固定且同質的集團，而是奔走於海域亞洲之間，擁有形形色色出身的多樣性集團。接近十六世紀中葉的時候，倭寇和東海、南海的走私貿易有密切的關聯；透過他們，形形色色的物產被帶進日本。日本商人也慢慢加入了這個走私貿易網絡，其中大多是堺的商人。

以織田信長為代表，商人背後的贊助者是戰國大名。就像前面提到的，除了信長之外，商人跟細川氏、島津氏等戰國大名當然也有很深的關聯，而與石見銀山密切相關的博多商人也很活躍，他們和大內氏、大友氏、毛利氏、對馬宗氏等周邊戰國大名的密切關聯，我們前面已經指出過了。

往南蠻的路線轉換

反覆進行走私貿易、抵抗官府取締的倭寇，對明朝而言是海防上的大問題。十六世紀上半葉葡萄牙人的涉足東海，雖然對倭寇也產生了很大刺激（下一節會加以詳述），但明朝的海禁政策對自由貿易的限制，才是誕生出尋求高風險、高報酬的走私貿易集團——倭寇的主因。結果明朝不得不對這些人進行討伐，簡單說就是陷入一種自相矛盾的狀態。

為走私貿易橫行焦頭爛額的明朝，從一五四〇年代下半葉起，開始展開大規模的武力討伐，但初期的對應頗為失敗，倭寇反而在華南沿海各地蔓延開來；結果引發了稱為「嘉靖倭亂」的大規模反政府游擊戰活動，事態變得更加膠著。在這段期間中，持續不斷的倭寇貿易活動相當熱絡，如後面所述，在九州各地的港口，包含葡萄牙商人在內的眾多貿易商人紛紛來航。以沙勿略為首的耶穌會傳教士來訪日本，也是趁著這股熱潮。

對倭寇強硬政策失敗的明朝，在這之後雖然壓制了倭寇的主要據點，將他們的氣勢壓下去，但還是不得不被迫變更政策。明朝撤回強硬策略，改採懷柔策略，一五六七年他們放寬海禁，對貿易商人的走私貿易進行部分解禁；作為窗口，他們指定中國南部的廣州為東南亞方面的貿易港。結果，倭寇進行的走私貿易在限定情況下獲得了合法化。

但是日本被列為海禁鬆綁的對象外，持續遭到封閉窗口。日本被視為倭寇的主要據點，但日本的各權力不只對鎮壓倭寇相當消極，甚至本身還參與其中，所以才會遭到明朝如此對待。就這樣，一五七〇年代以降，日本從中國的合法貿易對象中遭到明確排除（而這有可能影響到豐臣秀吉壓制中國的構想）。這種日明間的毫無交涉，一直持續到明朝滅亡的一六四四年。

不把明朝對日本的排除放在眼裡，持續展開中日間走私貿易的冒險貿易商人雖然還是存在，但更多的貿易商人則是規避風險，將路線變更成經由東南亞的中繼貿易（南蠻貿易）。戰國大名則是持續擔任這些人的贊助者，積極投入東南亞的貿易。在這過程中，不只中國商品，就連東南亞和歐洲的產品也有很多被帶進日本。關於戰國大名對貿易的參與、以及葡萄牙人來行日本的來龍去脈，我們在下一節會做具體的說明。

二、日本與葡萄牙的邂逅

大市場中國

在這裡，我們探討了石見銀山的開發讓日本的白銀對東亞經濟整體造成巨大的衝擊，以及倭寇的席捲，並將視野擴張到十六世紀上半葉起海域亞洲的貿易狀況。這個時代也是歐洲勢力終於到達日本的時代。接下來我們就注目在這點上，並加以陳述。

十六世紀中葉，石見銀席捲了以東亞為首的整個世界經濟；不過在日本列島內仍然只使用錢來當作貨幣，銀作為貨幣並不普及，只是當作裝飾品等之用，需求量甚微；因此國內需求較低，和海外相比銀價相對便宜，大半都流往海外。

話又說回來，這些白銀大半最後都流到哪裡去了呢？講到這裡，腦海中浮現出「大航海時代」這個語彙的讀者應該很多吧！伴隨著造船與航海技術的提升，以十五世紀開始踏足海洋的西班牙、葡萄牙為中心，西歐各國開始渴望建構全球規模的網絡。邁入十六世紀後，他們的手伸向了東南亞，然後是東亞。就這樣，世界邁入了人類網絡環繞地球一圈的時代，也可以說是史上第一次迎來「全球化」的時代。在知曉這段轟轟烈烈歷史的讀者當中，應該會有人任憑想像馳騁，想著日本的白銀乘著這個網絡席捲歐洲、讓並非「黃金之國」而是「白銀之國」日本的存在感高漲的景象吧！確實這是沒有錯的；十六世紀下半葉以降，有為數不少的石見銀遠渡重洋來到歐洲。

然而，實際上日本流出的白銀大半並不是流往遙遠的歐洲，而是流進鄰近日本、當時世界第一的巨大市場——中國。說到底，歐洲勢力經東南亞踏足東亞，雖然的確是因為當地主要生產的辛香料（特別是胡椒）對他們有很大的吸引力，但他們終極的目的，還是要在巨大的中國市場成功經營商業。

歐洲勢力的涉足亞洲貿易

來看看最早涉足當地的歐洲勢力——葡萄牙的事例吧。讓我們把指針往回轉一點，從葡萄牙勢力的踏足東南亞開始講起。十五世紀到十六世紀初期，葡萄牙沿非洲西部的大西洋岸南下，經非洲大陸最南端的好望角，在非洲東南部的莫三比克設立據點，接著他們渡過印度洋，壓制了印度西南部的果亞。果亞既是進入東南亞的踏板，同時也是耶穌會的傳教據點。之後造訪日本的沙勿略，也是以果亞為據點東進的。

一五一一年，葡萄牙占領了東南亞貿易最重要的據點——貿易港馬六甲（現在屬於馬來西亞）。馬六甲面對馬來半島與蘇門答臘島（現在屬於印尼）圍繞的海峽，是位於馬來半島上的港灣都市，在歐洲勢力造訪以前就一直是當地的要衝。時代稍微往後一點，到了十六世紀中葉，日本貿易商人也有為了在馬六甲進行交易，而航渡至此的記錄。

根據以撰寫《日本史》而著稱的葡萄牙傳教士佛洛伊斯書簡，從馬六甲往日本的船團，曾在新加坡海峽附近與「日本的海賊船」戰鬥。這裡的「海賊船」大概不是單純的掠奪集團，而是武裝的日本貿易船。就像阿瑜陀耶（現在屬於泰國）和會安（現在屬於越南）一樣，東南亞的好幾個貿易港在十七世紀上半葉都形成了有名的「日本人町」，但在這一百多年前就已經有很多日本商人為求商業機會，遠赴東南亞了。在日本列島各地十六世紀下半葉的遺跡中，出土了很多東南亞（主要是越南與泰國）產的陶瓷器破片，證實了日本與東南亞間活潑的貿易。

壓制馬六甲的葡萄牙仗著其軍事力量，在東南亞確立了貿易的優越性。他們最渴望的當地特產品正如前述是辛香料。他們從辛香料的主要產地、有「香料群島」別名的摩鹿加群島（現在屬於印尼）獲得數量龐大的辛香料，將之帶回歐洲，累積起鉅萬的財富。另一方面，他們也追求亞洲境內中距離交易的利潤，將實現與亞洲最大市場中國的貿易當成重要的目標。就這樣，在一五一〇年代後半，他們開始把觸手伸向中國市場。

葡萄牙人成為「倭寇」

可是，事情並沒有如他們所想的進展。正如前面所述，當時中國（明朝）對於民間貿易（私人貿易）原則上是拒於門外的；要和中國貿易，必須和日本一樣締結冊封關係，進行朝貢才行（葡萄牙壓制前的馬六甲，也有和明朝締結冊封關係）。當然剛剛加入亞洲新市場的葡萄牙，並沒有準備締結這樣的外交關係。一五一七年他們向明朝派遣使節，試圖摸索外交交涉，但最後以觸礁告終。故此，葡萄牙放棄了透過正規管道和中國締結貿易，轉而在走私中找尋活路。

事實上在十五世紀中葉，在華南沿海地帶的廣東與福建，已經有無視海禁、與海域亞洲進行的走私貿易。明朝在十五世紀中葉以降，以財政困難的理由限制朝貢，所以走私貿易雖然有風險，但很有可能獲得極高的利潤（報酬），因此形成了加入走私貿易的動機。從朝貢中被排除的葡萄牙人，也加入了這個走私網絡；邁入一五二〇年代後，他們和華南沿海的走私集團（後來被稱為「倭寇」）互通聲氣，以靠近東南亞的外交窗口、繁華興盛的廣州，現在的澳門為根據地，向周邊展開走私貿易。

一直以來盤踞華南沿海的走私貿易集團，應該會視葡萄牙人為商業對手才對。儘管如此，他們還是把葡萄牙人迎進了自己占好地盤的商圈，主要是因為葡萄牙人帶來的商品實在太有魅力了。特別引人注目的商品就是火器（槍砲）；後來傳入日本的火繩槍也是火器的的一種。

中國雖然已經開始量產火藥、也開發了火器，但走私集團要從正規途徑弄到這些裝備相當困難。因此，葡萄牙人帶來的西式槍砲，對他們而言是保衛自己不可或缺、令人垂涎三尺的物品。特別是稱為「佛郎機」砲的小挺大砲，最為眾人所珍重。當時的中國稱葡萄牙人為佛郎機（語源來自指法蘭克人的 Franco），之後便直接延用到大砲的名字上。佛郎機砲後來也被帶到日本，據說一五八〇年代大友氏在對島津的戰爭中，就曾經使用它。

對日本的注目

圍繞東海、南海的交易場所（海域亞洲），隨著葡萄牙人的加入，變成多姿多采人物往來的場所。但是日本在石見銀發現之前，實際上並不是海域亞洲當中特別有魅力的市場。即使是位於火山帶的九州、以及薩南諸島的硫磺島（鹿兒島縣三島村）產出的硫磺，因為是火藥的原料，所以相當為人所珍重，但和中國流入日本、為數龐大的陶瓷器與絲織品，還有東南亞產的香木類（紫檀等）相比，明顯日本的產品要劣勢許多。故此，日本經常處於進口大於出口（貿易赤字）的情況，且在日本作為貨幣流通的錢也可能有一定數量流出。

雖然作為旁證或許會讓人有點不安，但十五世紀下半葉，從史料中可以窺見錢往琉球流出的跡象。當然，或許我們可以把它看成是為了在中國（或東南亞）購買貨品而事先準備的資金，但十五世紀末期起日本貨幣流通秩序的瓦解，這很有可能也是要因之一。

在十六世紀的「大航海時代」中，不得不甘居於配角的微妙位置，日本的立場顯得有點孤寂。但是石見銀的登場，讓一直以來並非要角，購買力也相對弱勢的日本，搖身一變成為周遭注目、充滿魅力的市場。正如前面所述，因為剛開始採掘的時候技術還在發展當中，所以不管是採掘量還是品質都參差不齊，但一五三〇年代以降，採掘量和品質都明顯穩定下來。一五四〇年代葡萄牙人來航日本，也是為了用更廉價的方式買進供給、品質都很穩定，且能比較便宜入手的石見銀；故此，他們意圖排除中間剝削，直接從日本入手白銀的動作日益積極。雖然是一五四八年的事，不過在印度設置據點的葡萄牙人間都已經得知日本銀。耶穌會士林思樂（Nicolao Lancilotto）在寄給葡屬印度提督賈西亞・德・賽伊的書信中，記下了以下的事項（《耶穌會日本書翰集》七）：

「日本的商人們會和支那人進行交易。他們從日本把白銀、武器、硫磺與扇子帶去支那，再從支那把硝石與大量生絲帶回日本。同樣地，他們也會把陶瓷器、水銀與麝香塊（帶回來）。日本人也會和位在支那下方靠東邊，稱為高麗（朝鮮）的另一群人進行交易。他們會帶著白銀和貂皮前往當地，因為這些東西在日本的產量很高。他們也會帶著扇子過去，從當地（朝鮮）換來棉布。（中略）根據他（彌次郎）所言，這座島有好幾個地方有大量的銀；雖然只是些微產量，不過金山也有好幾座。除此之外還有大量的銅、鉛、錫、鐵等豐富的金屬。以及水銀也有若干，還有許多硫磺。」

正如文中所述，這是當時在果亞的日本人彌次郎所提供的情報。彌次郎出身薩摩國，以引介沙勿略前往日本而著稱。彌次郎後來為沙勿略和島津貴久牽上了線；雖然這件事作為基督教傳入日本，是日本史上極為重要的事件，但在掌握當時戰國大名對外交易的具體印象上，也是很貴重的插曲。在這裡，雖然多少有點偏離主題，但首先讓我們從彌次郎的自述回顧一下他的半生，以及沙勿略來航日本與戰國大名之間的關聯。

薩摩人彌次郎

根據彌次郎的自述書簡（《耶穌會日本書翰集》一〇），他因為「某種理由」在薩摩殺了人，然後為了逃避殺人罪躲進了一家寺院。這時候，當地有一艘葡萄牙商船停泊，而船上正好有一名彌次郎的朋友葡萄牙商人阿爾瓦洛·瓦斯。瓦斯為了拯救彌次郎，提議他逃到海外，於是彌次郎就搭上停泊在同一個港口，應當也是葡萄牙人的喬治·阿瓦雷斯的船隻，逃到了馬六甲。

彌次郎究竟是在薩摩的哪裡犯案，又是從哪個港口出航？關於這點他並沒有做出詳盡的敘述。另一方面，之後陪著沙勿略抵達鹿兒島的時候，我們又可以看到彌次郎擺出一副熟門熟路的樣子為沙勿略引導。故此，彌次郎出身鹿兒島的可能性很高。此外，如果像彌次郎在自述中講到的，他和葡萄牙商人瓦斯很早就有交情，那麼他應該也是跟貿易有某種關係的人物。雖然出身不明，不過我們可以推斷彌次郎若不是以商業為生，就是與經商的武士有關之人。至於彌次郎殺人之後躲進去的寺院，以及之後他出航的港口，我們則可以推測是在薩摩半島南部、位居錦江灣[1]口西岸的山川（鹿兒島縣指宿市）。

話說，錦江灣口周邊的各港口自一五四〇年代以來，就以貿易港之姿和葡萄牙人有著繁盛的往來。在同樣位於錦江灣口、山川對岸的大隅半島小禰寢（鹿耳島縣南大隅町），天文十三年（一五四四年）時曾經爆發中國貿易商人（應該是倭寇、亦即走私商人）與葡萄牙人的紛爭，結果造成了當地領主捲入其中並戰死的事件。關於這件事，不只是日本的史料，就連西班牙出身的貿易商人佩羅・狄耶茲（Pero Diez）也有留下相關記述。根據他的記述，當時的情況是這樣的（岸野久《西歐人的日本發現》）：

「當住在北大年（現屬泰國、位在馬來半島東岸的港市）支那人（中國人）所擁有的戎克船停泊在該港（小禰寢）時，那裡剛好有好幾名葡萄牙人在，於是一百艘以上的支那人戎克船聯合起來，向這些葡萄牙人展開襲擊。面對這場襲擊，只有五艘戎克船的葡萄牙人乘著四艘小舟，以三門火砲與十六挺鐵炮應戰，破壞了支那人的戎克船，殺死了很多人。」

若是想到鐵炮傳入種子島的事件，則要想像一五四〇年代在南九州的錦江灣已

1 錦江灣為鹿兒島灣的別名。

經有許多的貿易船來航，並非困難之事。據狄耶茲所述，日本的財富除了白銀外，還有為數龐大的鐵與銅。陸續來航的貿易商人所尋求的就是這些商品。

島津氏對這種情況應該也不是漠不關心。從鹿兒島縣南部沿岸地域的發掘調查中，可以清楚得知島津氏也有參與當時的交易。比方說對外在薩摩半島西岸的串木野城（鹿兒島縣市來串木野市）的發掘調查，在城郭內部就出土了被認為是十六世紀中葉到下半葉生產、來自福建漳州窯的染付（青花瓷）破片。在狄耶茲情報中也有登場的漳州，位在現今中國福建省的中央地帶，十六世紀時作為貿易港盛極一時，也是當時被視為走私貿易主要據點的港口之一。雖然不知是否直接運來，不過漳州或其周邊生產的陶瓷器已經被運到南九州（也有可能是從島津氏所重視的琉球運來）。前面提到的林思樂日本情報中，也可以看到陶瓷器流入日本的相關記載。

出土漳州產染付的串木野城當時是在島津氏的支配下。島津氏當時是處在一個容易從海外獲得文物的環境中；或者說，島津氏會直接和貿易商人交易，然後將入手的文物賣掉，或是分配給家臣和小領主，從而獲得財富與權威。他們也會對貿易據點的各港設定關稅，從而帶來收入源。

因為作為交易場所的九州各港已經處於各地域權力（戰國大名）的支配下，所以沒有他們的許可或庇護，說到底是不能進行貿易的。此外，對戰國大名而言，奪取敵對大名當作貿易據點的港灣，不只可以給予對方嚴重損害，對擴大自己的財政規模＝軍事力而言，也是最具效果的方法。正因如此，就像大內氏與大友氏對博多的爭奪一樣，作為貿易據點的港口屢屢發生大名之間的爭奪戰。

島津氏在執行貿易上的能力也很強。他們會弄來海外暢銷的特產品；這種商品就是在領內的硫磺島等地產出豐富的硫磺。如前所述，中國雖然火器做為重要兵器已經相當普及，但因為幾乎不產硫磺，所以必須仰賴海外輸入。硫磺的主要產地之一是東南亞的爪哇島（現在的印尼），另一個重要產地則是從九州到琉球的島嶼地帶，特別是硫磺島的產出量相當突出。

順道一提，硫磺島產出的硫磺，從古早以前的十世紀就已經是日本的主要輸出品。這裡的硫磺產出到戰國時代依然健在；天文十六年（一五四七年）以「日本國王」名義派遣的遣明使節（雖然是由大內義隆所主導，但是依循正是手續、屬於朝貢類別的事例），在貢品的清單中，就有一萬斤由薩摩「島津相模守」所提供、來自薩摩半島西南端貿易港坊津（鹿兒島南薩摩市）的硫磺。這位島津相模守就是貴久的父親島津忠良（〈渡唐方進貢物諸色注文〉）。硫磺島的硫磺被運往島津氏支配的坊津，透過集結在當地的貿易商人輸出到海外。換言之，島津氏是以領內產出的硫磺為資本，吸引國內外的商人前來。十六世紀中葉有許多石見銀流入南九州，尋求白銀的海外貿易商人益發受到吸引，不斷前往當地。

最初的日本基督徒

讓我們再次把目光放回彌次郎身上。彌次郎搭船的葡萄牙商人阿瓦雷斯同時也是沙勿略的朋友。他自己雖然不是傳教士，卻經常用船隻支援傳教士從印度前往亞洲；或許他就是在這樣的過程中和沙勿略結下了友情吧！於是，載著彌次郎離開的阿瓦雷斯把他引薦給沙勿略；之所以如此，大概是彌次郎曾經表示自己有想皈依基督教的意願。

話雖如此，歡迎彌次郎的阿瓦雷斯毫無疑問也有自己的盤算，那就是獲得貿易利潤。日本基督教史家岸野久先生就指出，若是沙勿略能夠成功被日本接納，則基督徒在日本的人數會增加，對葡萄牙人的親近感會提升，自己的貿易活動也能夠更有利地進行；阿瓦雷斯的盤算毫無疑問就是這樣。

在這樣的計算下，搭載著彌次郎的阿瓦雷斯船隻抵達了馬六甲；但是彌次郎因為妻子是異教徒，所以拒絕在當地受洗。雖然阿瓦雷斯本人並沒有留下關於這件事的感想，但應該是頗為沮喪才對。彌次郎下定決心要返國，於是搭上一艘往中國的船隻。雖然我們不清楚他是抵達了中國的哪邊，但應該是在澳門周邊才對。從那裡他再前往日本，但因為中途遇上暴風雨，所以又折返澳門。

對於是否該成為基督徒感到迷惘的彌次郎，這趟折返似乎讓他體悟到了自己的命運。在那裡，他在重逢的瓦斯勸誘下又回到了馬六甲；在二度造訪的馬六甲，他在阿瓦雷斯引薦下認識了沙勿略。受到沙勿略的指示，彌次郎在一五四八年三月抵達果亞，且終於受洗，獲得教名「保祿」。這時候，從日本跟他隨行的僕人也同時受洗（教名為約翰）。沙勿略就是沿著彌次郎走過的這條路來到了日本。這條連結東亞、東南亞乃至印度的路徑，從葡萄牙人在「大航海時代」造訪以前，就是海上的大動脈。

沙勿略抵達日本

在彌次郎的熱情邀請下，沙勿略下定決心前往日本傳教。一五四九年（天文十八年），終於抵達鹿兒島的沙勿略，和彌次郎一起在一宇治城（鹿兒島縣日置市）會見了島津貴久。沙勿略自己記下了當時的情況（《耶穌會日本書翰集》二八）：彌次郎說到底是因為在當地犯案、逃亡海外，所以覺得和領主會面相當危險，也非常緊張。可是貴久不只完全沒擺出要追究他的態度，相反地還對彌次郎所講述的異國見聞表現出相當關切的樣子。於是，沙勿略和彌次郎獲得了在鹿兒島傳教的許可，彌次郎也相當熱心地向親戚們進行教誨。

但是，沙勿略的盤算有所不同。他的志向是要前往「首都」京都，在彌次郎的故鄉鹿兒島，只是路過等待出航時機到來罷了。結果他雖然在鹿兒島停留一年，卻沒有在當地拿出什麼像樣的傳教成果；之後他拒絕了島津貴久的挽留，在第二年（一五五〇年，天文十九年）前往平戶。對希望靠沙勿略引介，和葡萄牙人進行貿易抱持很大期盼的島津貴久而言，這件事應該讓他頗為沮喪吧！

這時候在平戶已經有一艘葡萄牙人的船隻停泊（《耶穌會日本書翰集》四

〇）。前面已經介紹過，有某個關於平戶的人物試圖將白銀走私到朝鮮，而這些人的活動，很有可能和支配平戶的松浦氏脫不了關係。松浦氏是從鎌倉時代起就積極在海上交易中找尋活路的領主，被稱為「海之領主」。當然，他們從事的交易大多是以和平狀態進行，但同時也是率領著不吝掠奪的海賊集團、構成當時「倭寇」的主要集團之一。

從平戶到五島列島的各島嶼，是日本在直線距離上離中國本土最近的地域，自遣唐使以來，就一直位在前往中國的主要路徑上。擁有這種地利的松浦氏，在十六世紀連結日本、中國與朝鮮的走私貿易中扮演了核心的角色。當時平戶的人口規模雖然還不到足以稱為都市的地步，但透過貿易活動，已經有許多的基督徒居住，因此沙勿略在當地或許也能得到一種足以仰仗的安心感。

另一方面，島津貴久對沙勿略離去的事不免有種焦躁感。當然，這並不是因為基督教傳教不順之故，而是為了沙勿略離開後，該如何讓葡萄牙船隻多多前來島津領而煩惱。同時期，明朝不斷推進倭寇討伐、積極取締走私貿易，這也讓他對於該怎樣增加中國需求量大的硫磺輸出，感到煩惱不已。

為了突破困境，島津貴久在永祿四年（一五六一年）透過豐後國的傳教士托雷斯

（Cosme de Torres），向果亞的耶穌會印度教區長送去一封書信；在這封書信中清楚傳達了他的焦慮（岸野久《沙勿略與日本》）。根據這封書信，島津貴久明白吐露了自己對葡萄牙人來航的熱切渴望，以及為了推進貿易、希望獲得貿易權利的主要目的。他或許是覺得與其包著一層隔膜、把話說不清楚，還不如直接傳達目的比較好吧！

雖然我們無法斷定面對如此露骨的要求，耶穌會方面究竟做出了怎樣的反應，但從島津氏領國在這之後，不只是基督教傳教、與葡萄牙人的貿易也仍不算太活絡這點來看，島津貴久的「熱情」相當遺憾地並沒有傳達到他們心裡。在這之後，基督教的傳教與葡萄牙人交易的中心轉移到北九州，而島津氏也趁著島津義久上台之機，將踏足北九州納入視野當中。

話又說回來，平戶在同一時期發生了一件大事。就在島津貴久送出那封焦慮書信的同一年（永祿四年），葡萄牙人船長費爾南・德・索沙和日本商人之間，因為絲綢交易發生了衝突，結果平戶領主松浦隆信的手下殺害了索沙以下的眾人。事後松浦隆信雖然與傳教士和解，阻止了貿易斷絕，但傳教士托雷斯對平戶貿易擺出一副消極的態度，於是搭著葡萄牙船隻返回位在平戶南方、西彼杵半島尖端、由大村純忠支配的肥前國橫瀨浦（長崎縣西海市）。

面對這種出乎意料的發展，大村氏的歡喜自是不在話下。大村純忠在永祿六年（一五六三年）受洗、對葡萄牙人大表歡迎之意，從而讓橫瀨浦取平戶而代之，成為交易據點，領地也因此大為繁榮。雖然發生了大村氏因為內亂燒毀橫瀨浦的事件，不過大村純忠又把貿易機能轉移到領內的福田浦（長崎縣長崎市）。可是這裡也遭到意圖恢復失土的松浦氏襲擊，於是元龜二年（一五七一年），他更進一步把貿易據點，轉移到位在福田浦近鄰、港灣深處的良港長崎（長崎市），這就是近世發展起來的貿易都市長崎的出發點。

日本需求的東西

如上所述，當葡萄牙人在一五四〇年代來航日本以後，九州各勢力為了獲得跟他們貿易的權利，不斷展開激烈的拉攏戰爭。雖然獲取貿易權利是最大的理由，但除此之外，他們也很期待從海外運來的輸入品，那就是使用鐵炮所必須的火藥原料、不可或缺的硝石（焰硝）。和早早就國產化成功的鐵炮不同，硝石在當時的日本並無法生產，因此伴隨著鐵炮的普及硝石需求量也跟著高漲。不過邁入十六世紀下半葉後，硝石的生產技術也傳入日本，進而國產化，所以硝石的輸入需求便降低不少。

取而代之成為大名渴求輸入品中心的，是作為奢侈品，自古以來便需求甚高、利潤也極大的陶瓷器，以及高品質的生絲等。他們要這些產品並不只是因為自己珍愛的緣故；這些東西可以當成道具，用來和中央權力與大名贈答，讓權力基礎安定化，同時也可以贈與家臣，讓他們對自己的向心力提升。故此，權力者階層對這些事物有著根深蒂固的需求。

另一方面，我們也不能遺漏當時流行的影響。以京都和堺為中心，泡茶的風氣相當盛行。就像今井宗久與千宗易（利休）所代表的，特別是在成長為畿內最大貿易據點堺的貿易商人間，泡茶成為廣為人知的流行，而他們所珍重的海外產的道具，在交易上特別能夠得到好價錢。可是能供給這類產品的，也是身兼輸入業者的茶人；對於這件事，各位讀者有怎樣的感覺呢？

不管怎樣，堺商人成功推廣了泡茶的風氣，織田信長等權力者也接受了這種潮流，於是在泡茶市場上陸續有購買力高的權力者階層參與其中。結果，被視為「名物」的茶器以驚人的價格飆漲，呈現出一副權力者競相爭奪的樣貌。在後面，我們會以豐臣政權貿易的一個例子來加以提及，到了十六世紀末，在海外不過是低廉日用品的壺，到日本卻變成茶道具的逸品，被炒到難以置信的高額交易價。

這種部分蒐集家引發的狂熱，即使到現在也經常可見。比方說，過去並沒有很高價值的玩具，經過一段時間後，在蒐集家之間變成高額的交易品。在某個特定時期中，對某幾種特定品項產生了扭曲的高需求、從而導致價格高漲，這是不管哪個時代都會發生的事。若說光是著眼在流行，就能看出這個時代的整體樣貌，這樣的說法未免太過單純，但在戰國時代，果然泡茶道具在思考當時的流行以及與之息息相關的商業上，仍是相當重要的事物。

三、南蠻貿易的發展與作為貨幣的銀之成立

大友氏的活躍

隨著石見銀山的開發，日本國內對白銀的態度又變成了怎樣呢？在思考這個問題前，我想再把目光轉向沙勿略的動向。

沙勿略旅經平戶後，便朝著山口的大內義隆處前進。義隆允許他在山口傳教，並提供他作為據點的教會。之後沙勿略雖然終於上洛，卻沒能達到期待的良好成果，於是在一五五一年（天文十年）經山口往回走，抵達大友義鎮（宗麟）支配的豐後國府內（大分縣大分市）。當時在府內有一艘葡萄牙商人杜拉特．達．伽馬（Duarte da Gama）的船隻停泊，沙勿略就搭著他的船回到了果亞。

大友義鎮對於沙勿略的來訪大喜過望，試圖挽留他，但未能如願，為此感到相當沮喪。但是不久後轉機到來；大內義隆因為重臣陶晴賢的政變喪命，山口陷入大混亂之中（幾年後，大內氏遭到毛利氏消滅），從山口有許多居留當地的傳教士逃往府內。義鎮保護他們，援助他們活動資金，還讓他們建立傳教據點。

大友氏是出身以相模國大友鄉（神奈川縣小田原市）為根據地的鎌倉幕府御家人。蒙古襲來後，他們被任命為異國警固番役，於是將領地轉移到豐後國，開始在九州活動。歷經南北朝的內亂，即使邁入室町時代，他們仍然持續被室町幕府任命為守護，從而維持以豐後國為中心的支配。

大友氏從室町到戰國時代，不用說都是九州的有力武家領主之一，但他們也以加入幕府對明外交船團等積極參與對外貿易的作為，而廣為人知。作為相關的插曲，搭乘寬正六年（一四六五年）遣明船前往明朝的雪舟等楊[2]，曾經留下一段被當時家主大友親繁邀請到府內的逸聞。戰國時代大友氏的積極海外交流，其基礎就像這樣，是透過歷代家主的活動不斷培育起來的。大友義鎮保護基督教傳教士，自己也受洗的行動，或許正可說是對迄今為止的海外交流，表達一種純粹的敬意與關心吧！

不斷前進的國際交流

不過，大友氏當然也是支配廣大領土、且與周邊勢力為了支配領地，反覆進行激烈爭奪的戰國大名。在面對這個現實時，我們果然也不能不認為義鎮與海外的接觸其實是帶著某種盤算；而義鎮的盤算，想當然耳是透過貿易帶來的利潤，以及得以輸入的物資——如槍砲、子彈與硝石等關於火器的品項。

大友氏占據了海外交易的地利；不只是與大陸接近，他們還和島津氏一樣，在

2　雪舟等楊是日本室町時代的僧人及畫家，他吸收了中國水墨畫之長，對之後的日本繪畫產生深遠的影響。

領地內有硫磺生產。大友氏領地內的主要硫磺產地有兩處，兩者都是位在豐後代表性的火山帶上：一個是由布岳、鶴見岳、伽藍岳（大分縣由布市、別府市），另一個則是九重（久住）連山（大分縣竹田市、九重町）的硫磺山。

相當可惜的是因為欠缺同時代史料，所以我們並無法清楚得知，大友氏對硫磺生產究竟參與到什麼程度。但是，因為是重要的交易品項，所以他們對硫磺有某種形式的管理，應該是確切無疑的事。雖然沒有當成證據斷言的自信，但這裡有一個可以管窺其輪廓的事例。近年進行了對戰國時代大友氏居館遺跡的發掘調查；透過其中發現的遺物，我們不只可以更清楚了解家主的生活狀況，也能得知他們透過交易究竟入手了怎樣的物資。

根據調查，發掘遺物中除了有許多中國華南地區生產的陶瓷器破片外，也確認到有朝鮮和東南亞（現在的泰國、越南、緬甸）生產的陶瓷器片。這些陶瓷器被帶到豐後應該是十六世紀中葉以降的事，也就是和沙勿略訪問府內大致同一時期。邁入一五五〇年代後，包含葡萄牙商人在內的貿易船抵達豐後，這樣的事實從史料中也清楚呈現出來，因此再往前推估一下，很可能在一五四〇年代後半，豐後的貿易就已經相當活潑了。

若是如此，則豐後的情況與貿易商人（倭寇）前來薩摩的時期也大致相等。這些貿易商人的主要目的是白銀；雖然之後的需求慢慢降低，不過豐後的硫磺也很可能是引來貿易商人的關鍵。就這樣，豐後急速成長為海外交易的一大據點；不只有許多貿易商人來航，進行傳教活動的耶穌會傳教士也昂首闊步，不論人或物都日益國際化。

可以想像得到，隨著國際交流的發展，地域經濟也會受到波及。在生活物資層面，直接產生國際化的或許只限於大名家主與其周邊階級，但有關物資交易用的通貨，則會對接近庶民的階層慢慢開始產生影響。在豐後國內，作為國際通貨的白銀被當成高額交易時的貨幣使用；其中最早的例子，是呈現在耶穌會傳教士受大友義鎮援助的案例中。

大內氏滅亡之後不久的弘治三年（一五五七年）十一月，逃亡到府內的傳教士托雷斯記載，他受到大友義鎮提供住所，以及每年「五十銀十字錢」的資金援助。銀十字錢（cruzado）是白銀的單位，一銀十字前相當於日本的銀十匁（約三十七點五公克）。因為他在山口居留時，曾經記載自己從大內氏那裡接受錢（caxas）的援助，所以毫無疑問，他在豐後領取的是白銀而非銅錢。換言之，在一五五〇年代階段，在大友氏領地內白銀已經被當成貨幣通用了。雖然這種通用範圍即使在豐後國內應該也是相當有限，但因為京都使用白銀為貨幣很有可能是從一五六〇年代後半才開始，所以這裡明顯早了許多。

邁入一五七〇年代後，我們在九州可以看到更廣泛使用白銀的事例，在大友氏領國內，也可以確認到用白銀來繳納課稅的一種——段錢的案例。天正二年（一五七四年），納入大友氏支配領域的豐前國宇佐宮（大分縣宇佐市），向大友氏繳納段錢（一段約為六十五文）的時候，向負責徵收的大友氏家臣贈送了米等禮物。在這些禮物當中原本應該會看到錢，但在這個事例中，取而代之贈送的是銀十七匁五分（〈永弘文件〉二八四一）。由此可以得知，邁入一五〇年代後，白銀被更明確地使用在支付上。在肥前國的龍造寺氏領地也是一樣，進入一五七〇年代時，白銀作為貨幣明顯地已經相當普及。

激化的爭奪戰

事實上，當時也有親眼目睹大友氏貿易狀況的人物，那就是島津貴久之子、當時家主義久的弟弟家久。他在天正三年（一五七五年）訪問京都、奈良等地，回程則是經由日本海沿岸返抵平戶。同年七月十三日，家久上了停泊在平戶的「唐船」（貿易船）進行觀摩，這艘船上搭載了「南蠻」要進獻給豐後殿的「貢品」──四隻小老虎（〈中務大輔家久公御上京日記〉）。

南蠻指的是東南亞，至於豐後殿當然是大友義鎮。大友氏盡量避免從關係險惡的島津氏領地沿岸通過，大致是採取從博多經平戶再南下東海的貿易路線。身為與耶穌會傳教士及葡萄牙商人貿易權利被奪走的島津氏一員，家久親眼目睹對手大友氏將這些人事物利用到極限，透過貿易活動來賺取跟自家周旋的資金，究竟會有怎樣的感受呢？非常遺憾的是他在日記中並沒有記下相關的感想，只是評論說小老虎「相當罕見」。

在這裡再介紹一個島津氏與大友氏爭奪貿易權利的事例。天正七年（一五七九年），一艘從柬埔寨開往日本的船在薩摩的港口停泊（也有見解認為是被島津氏捕獲）。島津氏詢問乘船者後，得知船是要開往大友氏處。家主島津義久獲知此事後，向柬埔寨國王送去國書，表明自己打算締結外交關係，把大友氏建構的貿易權利強行奪走。雖然我們並不清楚這件事有沒有成功，但就像這樣，事態已經發展成為獲取貿易權利，戰國大名會親自出馬直接進行外交交涉的情況。這在政治上也是重大問題，之後豐臣秀吉平定九州之際，也把九州戰國大名的外交活動視為問題。

透過白銀和世界連結的日本

另一方面，透過石見銀，十六世紀後半九州貿易的活絡，讓九州的貨幣流通秩序也產生了很大的變化。雖然毛利、大友、島津等大名間經常處於緊張關係，但商人為了貿易結算，還是從石見把白銀擴散到九州各地。結果從一五五〇年代左右起，九州各領國的交易逐漸都把白銀當成貨幣使用。我們可以看到，白銀成為貨幣並非中央權力或特定權力者開始使用，或是有意使之流通，而是市場（支撐物流的商人）自律活動的結果，權力者只不過是單純追隨這股潮流罷了。

滅亡大內氏和尼子氏，將石見銀山置於支配下，最終成為中國之雄的毛利氏，其領國也受到九州的影響，慢慢開始把白銀當成貨幣使用。自尼子氏手裡奪取銀山不久後的永祿五年（一五六二年），毛利氏透過對馬的宗氏，試著和朝鮮進行交易，這時候他們就贈給宗氏白銀。之所以如此，一方面是訴求自己已經成為能夠大量供給白銀的主體，另一方面也是讓對方知道和毛利氏進行貿易的好處。

負責在第一線為毛利氏進行交易與交涉仲介的，是長於武器彈藥等各式各樣物資調度、同時具有商人面貌的家臣們。大內氏滅亡後，支配物流要衝關門海峽的毛利氏，除了在本州方面的長門國赤間關建立據點的堀立氏外，也讓佐甲氏與伊藤氏成為家臣，並將貿易交涉的重要任務託付給他們。從這些人已經和葡萄牙商人有所聯繫、建立起物流通路來看，他們在毛利氏調度鐵炮與硝石方面扮演了很重要的角色，而白銀就是用在這樣的交易之中。

在毛利氏領國奪取石見銀山後，除了用在軍事物資的調度之外，領內也變得相當盛行使用白銀。雖然說起來不過是種作秀，不過毛利氏將石見銀山捐贈給朝廷，以此將毛利氏的支配加以正當化（毛利氏標榜自己以朝廷代官身分支配當地的正當性）。在這之後，我們可以看到毛利氏對朝廷和幕府以白銀進行贈答的事例，這也讓大量的白銀流入京都。

到了一五六〇年代後半，這次毛利氏是將白銀捐贈給嚴島神社（廣島縣廿日市市）。除此之外，毛利氏在和周邊領主的贈答上也有使用白銀。比方說，毛利氏和建構起友好關係的伊予河野氏的贈答中，就可以看到使用白銀的情況。和毛利氏一樣，河野氏也是有眾多海賊眾追隨的領主；這些海賊眾也以從博多到瀨戶內海負責物流的商人身分在活動，故此，毛利氏很期待這樣的網絡。就這樣，特別在西日本，一五六〇年代以降，白銀急速作為贈答與交易的媒體廣泛滲透開來。

如同以上所見，受石見銀流通的刺激，一五四〇年代以降九州各地的貿易活動日益活躍，掀起了一股巨大的貿易熱潮。不只是有力大名，就連松浦氏與大村氏等比較小的領主也獲得了參與其中的動機。此外，支配肥後國南部的相良氏也籌備了貿易船積極參與貿易。

作為貿易結算通貨用的白銀，雖然一直以來在日本並沒有作為貨幣之用，但伴隨著這種貿易的活絡，從一五五〇年代左右起，九州已經把白銀當成貨幣來使用。這件事的意義就是，透過白銀這種貨幣，日本的國內經濟與世界的對外交易產生了直接連結。雖然這毫無疑問讓九州的經濟活絡起來，但反過來說，也讓當地直接籠罩在國外的政治與經濟風險下。自十六世紀末期起出兵朝鮮以來，日本就此捲入這種風險，結果導致之後的日本經濟從開放體制走向了封閉體制。

四、豐臣政權下的貿易

「伴天連追放令」的真意

天正十年（一五八二年）六月，織田信長在本能寺之變中逝世後，在後繼者爭奪戰中最終力壓群雄的豐臣（羽柴）秀吉掌握了京都。天正十三年（一五八五年）七月，秀吉就任關白，朝向天下統一之路邁進。第二年（天正十四年，一五八六年）他讓德川家康臣服；趁著東方無後顧之憂的機會，他先讓毛利氏與長宗我部氏臣服，然後便開始積極鎮壓九州。這時候在九州，島津氏已經擊退了大友氏等勢力，建立起霸權，但在天正十五年（一五八七年），秀吉終於逼使島津氏投降，將九州全域置於支配下。同年六月，他對博多發布規章，命令禁止諸問、諸座（排除各種特權），並免除地子錢等（《豐臣秀吉文件集》二二六〇）。之所以如此，是因為在鎮壓九州的過程中博多也受到兵災，因此為圖復興，才頒布這種類似樂市令的法令。

在這樣的過程中，秀吉見聞到九州大名和基督教傳教士與貿易商人等的自由交流，以及和東南亞國家進行獨自外交交涉的情況。對以日本最高權力者自居的秀吉而言，這絕不是能夠等閒視之的事。於是秀吉在頒布博多復興法令的同時，也發出了稱為「海賊禁止令」的法令。這項法令的直接目的是要剝奪在瀨戶內海占地為王、被稱為「海賊眾」的村上氏等海上勢力，對船舶徵收通行稅等的各種權益，同時也要討滅在肥前國深堀（長崎縣長崎市）屢屢掠奪商船的深堀氏，以期使海上交通變得平順。這舉措雖是應堺的貿易商人以及葡萄牙商人從很久以前就提出的請求，但透過這種方式也讓商業和軍事雙方的物流得以活絡起來。但是秀吉真正想要的，應該是更進一步掌握海上的安全保障與權利，並對各大名的自由海上交易予以規範吧！

另一方面，他在同年六月又發布了另一項法令，也就是所謂的「伴天連追放令」。基督徒個人的信仰雖然是自由的，但傳教士「向大唐、南蠻、高麗販售日本人」，也就是對中國、東南亞、朝鮮進行日本人的人口販賣；不只如此，他們還敵視佛法、煽動信徒破壞神社佛閣，食用牛馬，這些都是問題所在，所以要通告傳教士離開國內。但在此同時，他對於「黑船之儀」，也就是葡萄牙船的來航，則表示「如果只是專注於商業，則相當歡迎」（《豐臣秀吉文件集》二二四三～

二二四五）。這項通告是向耶穌會日本準管區長加埃略（Gaspar Coelho）發出，所以耶穌會方面的史料也有記載。

對於秀吉發出這種法令的理由，專家們已經做出很多解釋，比方說以下這些狀況：以切支丹大名著稱的高山右近強迫領民皈依，並破壞領內的神社佛閣；長崎等一部分地區實際上已經變成教會領地；傳教士在積極活動的肥前國周邊，和伊勢御師的傳教圈相互競爭，因此伊勢神宮強烈要求放逐傳教士等。另一方面也有人推測，秀吉是擔心基督教的生根會導致葡萄牙（或西班牙）的殖民地化。

然而，秀吉的意圖真的僅止於此嗎？這項法令中有一條標榜日本是「神國」的條文；換言之，日本作為「神國」，是個具有一體性的國家，九州當然也是在這樣的範圍之內。秀吉想做的或許就是要讓九州大名再次確認到這點吧！海外諸勢力與大名的獨自交涉，是對日本國家權力掌握的外交權之侵犯，因此是最高權力者秀吉所不能輕忽的情況。

雖然秀吉命令放逐傳教士，但並沒有禁止基督教本身；相反地因為重視貿易利潤，他還鼓勵同樣是基督徒的葡萄牙人來航。就像這樣，秀吉的基督教政策乍看之下是眾所皆知的矛盾錯亂；但之所以如此，是因為這項法令真正的目的並不是展現對基督教本身的敵視。

貿易改採「許可制」

眾所周知，天正十八年（一五九〇年）平定東日本、達成「天下統一」的秀吉，開始朝著入侵朝鮮邁進。之所以如此，其背景和明朝對日本始終緊閉門扉，讓他感到焦躁不安也有關。在中國的外交（貿易）上碰到死胡同的秀吉，開始將目光轉向九州各大名曾經涉足的東南亞。

透過壓制九州獨攬外交大權的秀吉，在邁入一五九〇年代後，開始逼近一五七一年以降成為西班牙領地的呂宋島馬尼拉等地，意圖以高壓的態度要求對方臣服並進行貿易。然而秀吉夜郎自大的臣服要求遭到了對方毫不客氣的峻拒，結果隨著秀吉過世，這件事也就不了了之。

儘管豐臣政權在外交上表現得糟糕透頂，但和東南亞的貿易依然呈現出活絡的景象。在九州南部最靠近東南亞的薩摩、大隅兩國，和馬尼拉往來的貿易商人，以及大部分來自中國的走私商人，來航的數量再次增加。雖然大友氏隨著大友義統

（吉統）的改易而沒落，產生了很大的影響，但島津氏的熱情總算是得到了回報。在這當中也包含了海賊船（跟倭寇一樣，走私和海賊也是表裡一體的），所以豐臣政權屢屢要求島津氏取締海賊。

話雖如此，貿易商人和九州的大名已經無法自由自在、隨心所欲地從事貿易了。作為掌握外交權的一環，秀吉將商人與各大名的貿易活動換成許可制。因為許可證蓋有秀吉的朱印，所以又稱為「朱印狀」；沒有朱印狀的船隻是不被允許渡航海外的，而持有朱印狀的貿易船則被稱為朱印船。這種外交、貿易政策也被德川家康所繼承（朱印船貿易）。舉個例子來說，天正十九年（一五九一年），島津義久就對弟弟家久發出一份詢問「渡唐船之儀御朱印之事」的書信（《島津家文件》一四四四）。從這裡可以察知，即使是島津氏，沒有朱印狀也是不被允許進行正式貿易的。

作為豐臣政權積極參與貿易的例子，我們可以看看支配肥後北半國的加藤清正與馬尼拉之間的交易。清正是在入侵朝鮮之際，做為主力轉戰而廣為人知的人物，但最近發現他同時也積極推動與馬尼拉的貿易。

就在朝鮮戰爭最高潮的文祿二年（一五九三年），清正對本國下令，要他們準備貿易船（中國商人的戎克船）。船上搭載了購買物資用的白銀以及準備在目的地賣掉的大量小麥粉，向馬尼拉出發。麥子在東南亞很難栽培，但對停留在馬尼拉的西班牙人而言則是麵包的材料，因此他們對日本產的小麥需求很高。

另一方面，清正打算從馬尼拉弄到什麼呢？其中之一是整個戰國時代從中國和東南亞大量輸入日本，帶來豐厚利潤的生絲與絲綢等絲織品。另一方面，中國和東南亞（越南與泰國等地）的陶瓷器也依然充滿魅力。但事實上清正還有更渴望的商品，那就是鉛。鉛是作為子彈原料的軍需物資，但在當時的日本幾乎沒有產出。故此，鉛從以豐富藏量著稱的暹羅（現在的泰國）頌托礦山，經馬尼拉等地大量輸入日本。

毫無疑問，這並不是清正個人的意向，而是對正在朝鮮展開戰線的豐臣政權整體都相當重要的事務。從這點我們可以得知，豐臣政權對於與東南亞的交易有多麼重視。在清正派遣的貿易船上，有親近豐臣秀吉的貿易商人——原田喜右衛門的手下搭乘，這點也已經為人所知；這也可以證明，這艘貿易船的派遣與豐臣政權有著密切關聯。

「呂宋壺」——被炒作起來的熱潮

順道一提，關於原田喜右衛門還有一個讓人深感興味的插曲，那就是和當時忽然在日本受人珍視的「呂宋壺」（也被稱為真壺）的輸入有關的事跡。

「呂宋壺」雖然誠如其名，是從呂宋島（馬尼拉）輸入日本的陶壺，但據推定原本是十二世紀左右在中國南部燒製、作為日用品的壺。它的製造品質粗劣，一般都被當成雜用器具在流通；但是在一五九〇年代，這種壺在交易上卻出現了令人難以想像的天價。比方說小瀨甫庵的《太閤記》，在加藤清正派出船隻的同一年、也就是文祿二年，記載了這樣一段插曲：

「文祿二年，遠航呂宋的泉州堺津町人菜屋助右衛門，向秀吉獻上唐傘、蠟燭一百根、麝香兩匹，但秀吉在看到五十個真壺時心情特別愉悅。他在大坂城西之丸的廣間把這些壺一字排開，和千宗易（利休）商量將它們按上中下等級，分別賦予價格，並吩咐想要的人前來買走。賣到最後只剩下三個，這三個則被秀吉自己付錢買下，助右衛門僅僅五、六天之間就變成了大富豪。」

熟悉這個時代的讀者或許會覺得有點詭異。沒錯，千利休在天正十九年

（一五九一年）切腹，這時候已經是隔世之人。因此，這段記載應該不是事實。

話雖如此，呂宋壺（真壺）很對秀吉胃口，且各大名爭相以驚人的高價購買，這件事則不能完全當成創作，視若敝屣。關於呂宋壺當時的交易價格究竟多高，探究相關的史料後，可以發現這個故事未必是純屬虛構。接著就讓我們繼續看下去。

文祿三年（一五九四年）十二月，有一份石田三成等人在京都賣掉呂宋壺，並由前田玄以提出報告的史料。從這上面寫的金額來看，合計達到黃金十三枚四兩（一百三十四兩）。雖然我們不清楚當時賣掉的壺總數多少，但根據別的史料，我們得知一個高價的壺可以賣到黃金四十九兩（〈組屋文書〉八‧九）。當時的黃金一兩約等於錢二十貫文，換算成米是二十到三十石左右。換言之，一個壺相當於錢一千貫文左右、米一千石以上（換算成現值則是六千到七千萬日圓）。

作為日用品的壺居然能夠賣到這麼高的價格，實在是令人難以置信的事。說到底，這在馬尼拉是便宜到家的壺，所以看到這股過熱浪潮的日本貿易商人，紛紛為了尋求呂宋壺而湧向馬尼拉，轉眼間就把當地的壺全買光了。當時統治馬尼拉的安東尼奧‧德‧摩爾加（Antonio de Morga）記載了以下的狀況（《菲律賓諸島誌》）：

「在呂宋島，特別是馬尼拉、潘帕嘉、邦阿西楠、伊羅戈斯等各省的原住民間，發現了一種非常古老的陶壺。它的顏色是褐色，外觀不怎麼好看，有些尺寸屬於中型，其他的則更小一點，雖然上面有標記或者蓋印，但究竟是從何而來、又是何時到來，沒有人能說得清楚。說到底，這種壺現在已經沒有從別的地方輸入，島上也沒有人在製作了。日本人一直在找尋這種壺，並且相當珍視它們；據我得知，這是因為日本人有一種當成珍貴佳餚或是藥材，熱熱喝下，叫做「茶」的草根，在日本的國王與諸侯之間，只用這種壺來儲藏、保存茶。在日本所到之處，對這種壺都相當珍重，將之視為擺放在內室或寢室中最級的寶物。這種壺的價值很高，日本人會在它的外側大費周章，施以美麗的精細工藝、用薄薄的金片裝飾它，還把它放進繡有金線的錦袋中。在這當中，有原本十一里亞爾的壺因大受好評賣到兩千塔勒的情況。雖然隨器物不同也有比較低的價格，但即使有裂縫、有缺口，只要沒有影響到茶的保存，價值就不會變低。群島的原住民在盡可能把這些壺用高價賣給日本人的同時，也為了這項生意拚命找尋這種壺；但因為這段期間賣得有點太急太猛了，所以這種壺現在幾乎已經絕跡了。」

我們光從這裡也能看見在日本以外出現的狂熱風潮。依循前面那段原本應該已經不在的千利休登場的《太閤記》插曲，我們大致可以探查出這種壺為什麼大受珍視的理由。作為這個時期在權力者間流行的泡茶名器，呂宋壺突然間成為聚焦的重點。當時由利休主導的侘茶賦予了雜器價值，呂宋壺正是其中之一，也演變成了權力階級的爭奪戰。後世的人看起來或許只會覺得這些人瘋了，但所謂熱潮不就是這麼一回事嗎！

或許我們也會懷疑，豐臣政權以及千利休等受招攬的茶人（往往也身兼貿易商人），其實是為了把雜器賣出高價，所以創造出這種泡茶熱潮。豐臣政權將價格被炒高的廉價壺賣給各大名，反過來的情況則很少見。石田三成報告的碩大金額，都是從各大名那裡汲取而來，最後當然也全都消失在豐臣政權的懷裡。這樣一想，我們或許會覺得秀吉主從是刻意讓這種現象產生的；只是這有點太過陰謀論了，所以姑且一笑置之也無妨。

十六世紀日本與東南亞的交易，就像這樣捲起了狂熱的風潮，且一直持續到十七世紀上半葉。可是，直到十六世紀為止由貿易商人掌握主導權的交易，在意圖從各大名手中奪取權利、加以壟斷的江戶幕府一元化管理（朱印船貿易）下，貿易的形式開始慢慢轉變，結果就是走向所謂的「鎖國」。

第七章

混亂的貨幣經濟

——織田信長上洛以前的貨幣

戰國時代，社會因內亂而陷於大混亂，一直以來支撐經濟的秩序也產生了很大變化。在這當中特別是貨幣，其流通明顯可見日益混亂，大名們也不得不被迫採取應對手段。之所以如此，是因為戰國大名的財政已經是以貨幣為基礎，所以不能無視秩序的混亂。本章就透過經濟活動不可或缺的金錢（貨幣），來詳細探討戰國時代的經濟秩序為何變化、產生了怎樣的變化；面對這種變局，戰國大名又是如何對應？

順道一提，金屬貨幣出現在日本是在七世紀下半葉（飛鳥時代）；八世紀初期，隨著朝廷自己發行「和同開珎」[1]，金屬貨幣慢慢地普及開來。但是到了平安時代貨幣鑄造一度中斷，到了十二世紀下半葉（平安末期），從中國帶來的錢（即所謂渡來錢）日益普及，成為中世固定使用的貨幣。朝廷和幕府對於錢沒有進行任何管制，流通秩序全靠民間（市場）的自律性維持。這種秩序直到十五世紀中葉為止大致都能保持安定，但之後的發展又是如何呢？就讓我們接著看下去。正如接下來會提到的，永祿十一年（一五六八年）織田信長前往京都上洛的時期，相當不可思議地也是貨幣秩序產生重大變化的分水嶺。故此，我想將信長上洛以前和以後的狀況，分成不同章節來加以討論。

一、「惡錢」的登場

錢不足的問題

安定的貨幣秩序在十五世紀下半葉開始籠罩一層陰影；之所以如此，原因出在使用中國傳入的錢當成貨幣這點上；簡單說，日本本身並不具備供給貨幣的機能，就是最根本的問題。

這個時候，明朝因為與北方的北元等勢力戰亂連年，財政陷入困難，錢的鑄造幾乎陷入停頓。另一方面，他們為了調度軍事費用，胡亂發行紙幣，結果在國內造成信用崩潰，於是作為國際通貨、相當安定的白銀，遂在國內做為貨幣流通。但白銀是高額貨幣，日常交易依然需要大量充作小額貨幣的錢；儘管如此，明朝卻沒有追加錢的供給，於是很快就陷入了錢不足的困境。市場上大量充斥著偽造的錢幣（稱為模鑄錢），結果包含粗製濫造的錢在內，各種雜亂的錢幣同時流通，也因為

1 和同開珎是日本最早鑄造並發行的官方貨幣。

錢的選別（揀錢）在商業交易上頻頻發生糾紛。

連供給來源的中國都陷入錢不足的窘境，日本的錢當然也立刻變得匱乏起來。由於明朝原則上禁止民間貿易與中國人渡航海外（海禁政策），所以日本只能透過外交（朝貢貿易）或是透過琉球，再不然就是用走私貿易的方式獲得錢。但是外交和琉球兩條路徑隨著明朝的停止鑄錢而中斷，於是從華南沿海走私模鑄錢，變成錢的唯一供給手段。然而，光靠這種方式當然不能確保充分的貨幣供給量，錢不足的問題也一直無法化解。

讓情況更加雪上加霜的，是日本的內亂頻傳。一四五〇年代，關東已經陷於混亂，應仁元年（一四六七年）在首都京都爆發的應仁之亂又更為嚴重。社會不只遭逢到深刻的混亂，戰爭帶來刺激消費的一面，也讓錢不足的問題更為火上加油。

大亂後各地的地域權力（戰國大名）紛紛興起，在各自的支配領域（領國）中設法讓經濟活絡起來（比方說在各地建設城郭、發展城下町）；結果地方的貨幣需求增大，錢的供給卻看不到任何增加跡象，錢不足變得愈來愈嚴峻。

讓人避之唯恐不及的明錢

因為光靠中國流入並不足以充分供給所需的錢，因此日本也開始進行錢的偽造（模鑄）。其鑄造量與規模雖然很難推測，但在京都、博多與堺都發掘出錢的鑄模。根據這些發掘資料可以看到鑄造模鑄錢，以及沒有文字、稱為無文錢的錢幣痕跡。從地緣關係來考量，主導偽造的應該是商人。

在日本，模鑄錢雖然慢慢增加，但和中國一樣，出現糾紛也是必然。邁入一四八〇年代後，圍繞著有關「惡錢」收受引發的糾紛開始浮現。「惡錢」或許會讓人直覺想到粗製濫造的錢，但當時「惡錢」問題的嚴峻，是因為不見得只有偽造的粗惡錢才會被認定為「惡錢」。作為範例，讓我們來看看由戰國大名大內氏所發布關於錢幣管制的法令（〈大內氏規章〉六一、六二條）。翻譯成現代語後，條文如下：

一、關於撰錢[2]

2 撰錢指的是在繳納貢賦等的時候，將劣惡的錢挑出去的規定。

關於段錢，正如長年以來的規定般，理所當然是要撰錢之後才能繳納；但作為對納稅者的寬宥政策，在一百文錢當中，允許最多加入二十文永樂通寶、宣德通寶來繳納。

二、關於借貸與買賣使用的錢

不論身分高低或年齡，都不得將永樂通寶、宣德通寶以撰錢方式加以排除。至於「堺錢」、洪武通寶（「繩切」）、「打平」這三種，則可以用撰錢來排除。只是，雖然如此規定，但不能單用永樂通寶與宣德通寶來支付；錢一百文中，最多只能使用三十文永樂或宣德通寶。

這項法令是在文明十七年（一四八五年）四月，由大內氏的家臣以該氏領國內為對象發出。這種定下錢幣選別規則的法令，稱為撰錢令（或者撰錢禁令）。這份撰錢令比室町幕府於明應九年（一五〇〇年）發表的更早，一般咸認是日本最早的事例。

讓我們注目一下條文一的內容。根據這項規定，一百文錢當中，最多只能加進二十枚永樂通寶與宣德通寶作為段錢上繳。條文二則是日常交易使用的錢之規定，但在這項命令中，也是同意在使用上不必排除永樂通寶與宣德通寶。

永樂通寶與宣德通寶都是十五世紀前半明朝鑄造的正規銅錢（明錢），品質也是公認的優良。簡單說，包含十四世紀下半葉明朝首度鑄造的洪武通寶在內，這些錢幣是透過「官方管道」從中國流入日本的錢。可是就像法令二所言，在大內氏領國中，洪武通寶也被認定為應當排除的「惡錢」。另一方面，按照命令，永樂通寶與宣德通寶則不須排除；換言之，當時在大內氏領國內明顯有把這兩種錢也當成「惡錢」，拒絕收受的情況產生，而大內氏則是意圖強行使用它們。之所以如此，大概是因為如果把它們也排除，錢不足的情況會更加嚴峻之故。

因為室町幕府的撰錢令中也有強制使用的部分，所以可以得知忌諱明錢的風潮在京都也同樣存在；換言之，在整個西日本這是相當普遍的傾向（但只有南九州相反，有喜歡明錢、特別是洪武通寶的狀況）。簡單說，雖說是「惡錢」，但正規鑄造、且是最新穎的錢，反而會遭到嫌棄。結果，哪些是通用貨幣、那些又不通用，界線變得很不明確，讓第一線人員感到極大的混亂。

懷疑的連鎖

為什麼明錢會讓人敬而遠之呢？這點必須從「明錢比較新」去思考。在內亂造成社會不安蔓延地當時日本，盡可能安全儲存資產的想法比平時來得更加強烈。當時的儲蓄手段就只有錢而已，其中特別是有長年流通實績、也有流通量的渡來錢（大多是北宋時代的產物，稱為北宋錢）被視為更安全的金融資產，廣受珍重。於是，人們都有強烈的欲求想要接受北宋錢；相對之下，較為欠缺流通實績與流通量，不像北宋錢那樣有信用保證的明錢，則遭到敬而遠之，甚至避之唯恐不及。

大內氏的撰錢令之所以賦予明錢地位，也是因為看到領國內對明錢的忌諱愈演愈烈之故。就像在條文一中認可段錢可以混入百分之二十的永樂、宣德通寶，但在條文二的市場流通中，這個比例則增加到百分之三十一樣，大內氏自己說到底也不想收受那麼多明錢，而這種態度不可能不傳達到敏感的市場上。

以大內氏的撰錢令為開端，室町幕府與其他大名也紛紛發布撰錢令。就像前述，中世的貨幣流通秩序是靠市場自律維持，但權力發布撰錢令這件事，讓一直以來的權力與貨幣的關係產生了很大的變化。權力一改過去將秩序安定化委託給市場的態度，變成以主體之姿積極對貨幣進行管制。原本對貨幣政策漠不關心的權力，到此產生了明顯變質。之後的江戶幕府也積極進行貨幣管制，因此我們可以得知，這種變化其實是時代從中世轉移到近代的重大指標。

話雖如此，要說人們就老老實實聽從大名的命令倒也未必；相反地，雖然下達了排除的命令，但市場上還是屢屢把「惡錢」當成貨幣來流通。關於大內氏支配下的豐前國有這樣一段史料，我用現代語來介紹一下（〈大內氏規章〉一四四條）。這是針對統治豐前國各地的大內氏家臣、向他們告知的規範：

「關於豐前國的惡錢狀況，儘管近年的法令已經禁止使用，但還是屢屢有人違法使用。特別是去年以來惡錢的使用相當猖獗，遠遠超乎預料。結果，這種行為不但違法，還危害到不分貴賤人們的生計。故此，一旦發現在市場買賣中使用惡錢的人，應予以拘禁、沒收其惡錢，並和你們（家臣）進行連絡。」

這是延德四年（明應元年，一四九二年）三月發出的通告。所謂「近年的法令」指的是前面文明十七年的撰錢令。換言之在當時的豐前國被視為惡錢的錢仍在使用。之所以如此，恐怕是錢不足的情況已經到了不得不使用的地步吧！從「去年以來」字句也可以看出，惡錢並不是經常在使用，而是隨著時期與季節，當錢的需求高漲之際，惡錢就會不斷增加。就像這樣，即使權力進行強制，大家對使用惡錢還是有所忌諱；但就算權力禁止使用，它們還是不斷流通，於是第一線的混亂情勢遂變得益發嚴峻。由此可以得知就算權力介入，這種情勢也不容易解決。貨幣秩序的混亂，在十六世紀蔓延到各地。

二、蔓延整個列島的撰錢

甲斐國都留郡的情況

貨幣與商品流通，理所當然是互為表裡的存在，因此貨幣的混亂與商品流通的混亂是直接相連的。接下來就讓我們從記錄十六世紀上半葉，甲斐國都留郡（稱為「郡內」；山梨縣富士吉田市周邊）地域動靜編年史著稱的〈勝山記〉（又稱〈常在寺眾年代記〉、〈妙法寺記〉）中，來看看具體的情況。

當地最初關於錢幣秩序出現問題的記錄，是在永正九年（一五一二年）。這一年該郡因為去年的歉收，處於「比起去年幾乎沒有買賣」的狀態。另一方面，年初的大雪讓物流停滯，物資供給感到不足，對物價高漲更是火上加油。還不只如此，因為「撰錢」行為的橫行，錢變得不足，這點也對買賣的停滯產生了影響。若用常識來想，如果錢持續不足，應該會讓物價下跌，也就是引發緊縮才對，但此時的物價反而上升，結果就是物資不足變得益發嚴峻。

第二年（永正十年，一五一三年），撰錢還是一樣在持續，但因為收穫轉為豐收，所以物價一路下滑。〈勝山記〉的撰寫者表示：「因為強硬的撰錢行為，買賣（的價格）變得格外便宜。」換言之，就是處於有物無錢，想買也無法買的狀態，也就是轉為緊縮。第三年（永正十一年，一五一四年），拜持續平穩的氣候所賜，供給相當安定，「物品價格也都相當便宜」，但「因為撰錢的緣故，在支付上相當困窘」。雖然物價下跌，但撰錢橫行，果然還是導致了錢不足。物價的下跌更進一步持續到隔年，而撰錢也沒有收斂的跡象。

邁入永正十三年（一五一六年）後，收穫一變成為歉收，特別是大麥的價格持續上升。不只如此，甲斐武田氏與駿河今川氏的關係趨於險惡，讓駿河國的流通路徑遭到封鎖，物流停滯，結果使得郡內地域的物資不足，物價也一舉往上攀升；但是這一年的撰錢還是沒有收斂，導致錢不足變得很嚴峻。

從這點來看，物資的價格變動與錢供給間的關係，未必就會彼此相互影響，兩者也不見得總是處於經常連動的狀態。根據〈勝山記〉所述，都留郡一帶撰錢激化的時期，除此之外還有好幾段記載；先前的研究已經指出，每次撰錢蔓延，就會有持續數年進行撰錢的傾向。就像永正九年到十三年這五年間可以看到的情況，因為撰錢持續的期間，物價仍然不斷上下波動，因此當時的物價變動，比起貨幣供給，受到物資供給多寡影響的傾向顯然更大。在現今的經濟中，物價變動會受到貨幣供給影響被認為是常識，但在當時、且屬地方性的零碎市場中，顯然會有不適用這種常識的場合存在，這樣想或許會比較妥當。

經濟法則是矛盾的嗎？

和這個事例有所關聯且讓人在意的，是戰國大名徵收的諸役與物價的關係。採用貫高制的各大名，徵收的大多是錢；但另一方面，作為徵收對象的領民，則多半是以稻作為主的農業生產者。因此，為了繳納諸役，他們必須賣掉生產的農作物

（主要是米）來交換作為貨幣的錢。

若是如此，至少當時的米價不管對大名還是領民，都應是重要的關心事項才對。但是從各大名的收取實態來看，他們雖然重視作物豐收與否導致的物價變動，但對貨幣流通對物價產生的影響，卻幾乎、甚至可說是毫無斟酌考量。換言之，就像在〈勝山記〉事例中看到的，當時的人們在自身經驗上，似乎是覺得貨幣流通量與物價毫不相關。

然而，這是撰錢雖然成為問題，但錢的價值並沒有極端變動的情況，也就是直到十六世紀上半葉為止的狀態。如果錢價跌落到原本的一半以下（也就是相對於錢的米價經常超過以往的兩倍），發生超過社會容許範圍的錢價變動時，那既有的徵收體系也會陷入癱瘓之中。事實上這就是十六世紀下半葉日本所面臨的困境，下一節就讓我們來看看這點。

四、日益嚴峻的錢不足——一五六〇年代的異變

死結

一五六〇年代可以說是對戰國時代感興趣的人最關心的時期。以織田信長斬殺今川義元的衝擊性事件（桶狹間之戰）為開端，信長將上洛戰化為實踐正是在這個時期。另一方面在其周邊，武田信玄與上杉謙信在信濃北部激烈衝突（川中島之戰），關東則有北條氏建構起壓倒其他各家的勢力。再把目光轉向西邊，毛利元就取代大內氏稱霸中國地方；在先前提到的九州，透過與亞洲交易累積財富的大名也陸續登場。雖然這是一個不缺軼聞插曲的時期，但支撐日本經濟的唯一貨幣——錢，也產生了重大的異變。

對這種異變產生影響的，是前面看到的中國部分放寬海禁。隨著海禁放寬，原本跟日本走私貿易的倭寇大多轉換到跟東南亞的合法貿易活動上；結果，模鑄錢流入日本的數量一下子大幅減少。可以想見日本的錢不足會更加雪上加霜，但這裡想給大家看看具體的情況。此外，雖然我們談的是日本，但隨地域不同，狀況也各自

相異。首先讓我們把時代稍微往前一點，來看看關東的事例。

在關東建立起霸權的北條氏，於天文十九年（一五五〇年）進行稅制改革；在這次改革中，他們對領內相模國磯部（神奈川縣相模原市）的代官與百姓下令，要排除「御法度之四類惡錢」（《戰國遺文後北條氏編》三七三）。雖然關於「御法度」的具體內容很遺憾並沒有留下相關的史料，但八年前的天文十一年（一五四二年），幕府發表的撰錢令中，作為排除對象的錢是三種：京錢、打平、割錢（〈室町幕府法．追加法〉四八六條）；因此列舉四類的北條氏「御法度」，內容明顯和幕府的法令不同。儘管我們不知道這四類具體指的是那些錢，但北條氏在自己的支配下，確實有根據獨自的貨幣政策發布有關撰錢的法令。

第二年（天文二十年，一五五一年），北條氏將「惡錢」的對象變更為「大掛」、「大響（破損的錢？）」、「打平」三種（《戰國遺文後北條氏編》四一七）；但這仍和幕府的規定相異，屬於北條氏獨自的法令。支配畿內的幕府法令，與支配關東廣域的北條氏法令，同時施行不同的內容；這顯示了即使同在日本列島內，隨地域對「什麼是該排除的惡錢」，在定義上也各自迥異。簡單說，在畿內和關東，錢的流通秩序是相異的。各地獨立的地域權力（戰國大名）誕生的結果，是讓流通貨幣的秩序也隨著地域各自相異。

永祿元年（一五五八年），北條氏修正了使用錢的準則。舊有優質的渡來錢為「古錢」、品質稍差的錢為「地惡錢」或「中錢」，一緡錢（一百文）當中加入二十枚「地惡錢」還算可以，但加到三十枚就是「曲事」（違法）（《戰國遺文後北條氏編》五八〇、六三三）。在這種情況下，如果有足夠充裕的錢流通，應該不會被視為貨幣的劣惡之錢，儘管價值多少有點貶值，還是被規定為貨幣。日本列島中距離中國更遠的東日本，受到流入減少導致錢不足的影響，慢慢變得愈來愈嚴峻。

儘管這樣三令五申採取對應手段，到了一五六〇年代終究還是走進了死胡同。永祿七年（一五六四年）左右因為過度撰錢造成百姓困擾，所以北條氏告知品川（東京都品川區）的代官，同意用米來代繳段錢（《戰國遺文後北條氏編》八六三）。百姓繳納的錢遭到代官嚴格審核（撰錢），結果引發了納稅百姓的強烈反彈；這可以看成是錢不足、支付使用的錢不斷劣化下的結果。畢竟，誰都想把優質的錢盡可能留在手邊。

由錢到米

儘管北條氏在段錢方面認可了以米代繳，但錢的流通還是看不見恢復跡象。最後在永祿十一年（一五六八年），領內徹底陷入了對「精錢」（＝「古錢」）「無計可施」的狀態（《戰國遺文後北條氏編》一〇九〇）。於是北條氏不得不認可段錢以外的諸役，也都可用錢以外（如黃金、米等）的方式來代繳。百姓就算要繳納錢，也沒辦法好好地把錢弄到手。北條氏的領國經營是基於貫高制，也就是透過錢的徵收來成立，因此錢的不足會讓稅制的基礎產生嚴重動搖。

被迫做出對應的北條氏把主要的收取對象變更為米，好作為錢的替代品。米作為兵糧，是軍需物資中最重要的項目。正因如此，對經常和周邊各勢力產生紛爭的北條氏而言，直接收取米是相當現實的選項。於是，北條氏在名目上雖然仍維持著支付錢的稅制也就是貫高制，但實際上已經轉換成徵收相應價格米糧的方針。

結果，米不只成為徵收對象，自一五七〇年代以降，北條氏的各種支付也大多以米充數。這時候充當支付之用的米都稱為「兵糧」；實際上，北條氏領國已經變成了以米當成貨幣使用的狀態。

話雖如此，若說錢在一五七〇年代以降的北條氏領國中完全消滅，那倒也未必。錢的流通還是不絕如縷地持續著，只是以和一直以來不同的稱呼方式在普及，那就是「永樂錢」。從這個稱呼可以推斷是指永樂通寶，也就是北條是把正規的錢僅限於永樂通寶。說到永樂通寶，那是西日本避之唯恐不及的明錢，但在關東卻有著高價值；因此，大量的永樂通寶被從西邊帶到東邊。可是這樣仍無法化解北條氏領國的錢不足。

接下來讓我們看看畿內周邊的狀況。永祿九年（一五六六年），去年暗殺了將軍足利義輝的三好三人眾（三好宗渭、三好長逸、石成友通），發布了範圍及於「上京中洛外」的撰錢令（《中世法制資料集》第五卷六一五）。根據這份命令，排除的對象包括了「宣德」、「新錢」、「洪武」、「惠明」（是何種錢幣至今不明）、「割錢」、「掛錢」等類別。這和天文十一年的法令在對象上明顯有所相異，特別是洪武、宣德通寶兩種明錢被列入新的排除對象為其最大的特徵。儘管錢已經不足，但京都周邊對明錢的嫌惡還是顯而易見。

另一方面，永樂通寶並沒有被列入排除對象，但奈良的興福寺等地在一五四〇年代就禁止使用永樂通寶，因此它果然還是畿內周邊很不喜歡的錢。關於這點，高木久史先生推測，是因為權力者擔心如果不允許通用永樂通寶，那錢荒就會嚴重到買賣無法成立的地步。因為永樂通寶比起其他明錢的流通量更多，所以京都也無法禁止使用。即使根據實際的發掘調查，永樂通寶的出土數也很多，幾乎占了所有渡來錢中的百分之五。洪武通寶約百分之二，宣德通寶則只有百分之零點一，因此排除永樂通寶風險會相當大。

在鄰近的近江國，以琵琶湖北部為領域的淺井長政，同樣在永祿九年發布了撰錢令（《中世法制資料集》第五卷六二八）。根據這份命令，排除的對象包括了「割錢」、「打平」、「無文字」三種。所謂「無文字」，是指各地屢屢可見、表裡皆無文字的私鑄錢，也就是「無文錢」。明錢在這裡並沒有被列入排除對象，明顯跟京都的撰錢令有所不同。琵琶湖北部地域雖然鄰近京都，但錢的流通量並不多，所以必須將排除對象抑制在最低限度才行。從前述的關東狀況中也可得知，愈接近邊陲地域，錢不足的情況就愈嚴重。結果，近江國從永祿十一年（一五六八年）左右起，將土地價格由以錢計算（錢建）轉變為以米標記（米建）。雖然這並不意味著立刻就轉變為用米支付，但毫無疑問是受到錢不足影響所產生的變化。

日本列島各地政治情勢激變的一五六〇年代，同時也是貨幣流通秩序嚴重動搖的時代。在這個巨大的歷史變動其中，於中央政局颯爽登場的，就是織田信長。他對京都周邊的貨幣流通秩序產生了怎樣的影響，讓我們在下一章來看看。

第八章

✦

由錢到米

——金、銀、米的「貨幣化」與稅制改革

一、織田信長的上洛與貨幣秩序的重整

「保護費」？

讓我們來看看永祿十一年（一五六八年）九月，織田信長終於前往京都上洛前夕，京都的狀況。

根據當時代表性的公家日記之一——山科言繼的日記（《言繼卿記》）所述，永祿十一年二月七日，當要付給朝廷任命足利義榮為將軍的費用（宣下）時，因為提供的錢是「惡錢」，結果引發了朝廷相關人士拒絕收受的問題（《言繼卿記》同日條）。這筆錢的出處應該是來自作為義榮後盾的三好三人眾，但從這裡我們可以得知，甚至是以畿內為據點的勢力，在獻金時也會出現惡錢引發的糾紛。

然而，這時候的惡錢儘管在市場上被視為低價值，仍然被當成貨幣在流通。同年十月十一日，侍奉宮中的侍女部局之一長橋局（勾當內侍），向言繼支付了錢一貫文作為衣裳染色的費用。然而，因為這些錢是「惡物」，所以實際支付給言繼的是一貫五百文（前引書同日條）。從這裡可以得知，「惡物」是以原本的錢（精錢）三分之二的價值在流通。即使如此，朝廷內部對錢的選別還是比市場嚴格，而公家也屢屢拒絕收受「惡物」。正因為他們是個對包含金額在內、不管什麼事都重視前例的集團，所以對於順應時勢做出彈性對應往往相當消極。就這一點來說，公家的經濟感果然相當遲鈍。

同年九月，從岐阜出發的織田信長，展開了尊奉足利義昭的上洛作戰；當時支配京都的三好三人眾幾乎是一瞬間就被驅逐殆盡。同月末成功上洛的信長軍隊，獲得因為內部糾紛，與三好三人眾敵對的三好義繼與松永久秀、久通父子歸順，氣勢更加高漲，到了下個月（十月），已經成功將畿內大半置於勢力下。

信長的閃電戰瞬間將畿內各地捲入戰禍之中，對被捲入的一方而言，則是相當難以忍受的狀況。要是坐視不理，很有可能會成為趁火打劫的對象。特別是寺社積蓄了很多財產，在其境內還有很多可以當成防護柵等來使用，作為戰時物資相當珍貴的竹子，因此在戰時，他們會變成特別讓人眼紅的肥羊。

於是許多寺社以及眾多富裕人家居住的市鎮，為了避免迫在眼前的掠奪，開始積極行動，要從征服者手中獲得保障地域安全的保證書（稱為禁制）。若是獲得禁制，在境內的掠奪行為就會被當成犯罪加以處罰，因此是種可以期待發揮抑止效果的物品。禁制的內容大致不外乎向軍隊下令，禁止侵入境內、亂暴狼藉（掠奪）、以及採伐竹木等。然而，禁制可不是白白給人的。雖然明白寫出金額的案例很少，但一定要付出不少獻金給征服者才能得到。對征服者來說這也是戰時貴重的財源。

當然信長也不例外。更有甚者，我們往往看到信長在上洛戰之際，會索要以當時常識而言堪稱破天荒的高額獻金。這種獻金被稱為矢錢或家錢，名義上是協助提供軍資金，但實際上是充當足利義昭被正親町天皇任命為將軍職的時候，所需要的儀式執行費用。對信長而言，這種費用調度與支出，是他為了獲得支配京都正當性所需的對價，也是參與京都經營的經費。

讓我們來看看具體的情況吧。雖然是後世的記錄，不過根據《細川兩家記》，信長為了境內的安全保障，向大坂本願寺要求錢五千貫文的獻金；另一方面，據說他也向貿易港堺要求兩萬貫文的矢錢；換算成現在的價值，是將近十五億日圓的巨款。堺曾一度拒絕他的要求，並為了防備織田軍來襲，盡可能強化戰備，但最終還是無法抗拒，乖乖付出了這筆錢。另一方面，他也透過松永久秀，在十月六日向大和的法隆寺要求作為家錢的銀一百五十枚。

以黃金的情況，一枚指的是十兩（也就是一枚大判形狀的黃金）；銀也是一樣的話，那一百五十枚就是一千五百兩。一兩大約相當於四點五匁，一千五百兩就是六七五〇匁（＝六貫七五〇匁）。一匁約為三點七五克（也就是剛好一枚五圓硬幣的重量），所以一兩為一六點八七五克。換言之，這時候信長要求的銀一百五十枚，重量大約是二十五公斤多一點。

不只如此，法隆寺在十一月末將米運往堺的時候，也被要求獻上換算成銀十六貫（約四十三公斤）的「札錢」（發放禁制的費用）（〈法隆寺文件〉）。札錢以錢來計算相當於六百貫文（以銀一匁＝錢三七點五文的比率來計算）。這筆錢的現值約當於四千萬日圓，對法隆寺來說是過分的負擔，但為了避免境內遭到恣意劫掠，這也是莫可奈何的事。可是這樣一來，結果就是各種法事的費用都變得捉襟見肘。

信長蒙受奇恥大辱

另一方面，信長在同年十月八日對朝廷獻上錢「萬疋」（《言繼卿記》同日條）。雖然有人認為信長如此闊氣的大手筆，反映了他掌握商業活動的財力，但這筆財源的大部分如上所述，其實是從寺社等地強制勒索而來的。

這「萬疋」的錢，是在信長壓制京都的同月十八日足利義昭正式獲得將軍宣下之際，當作費用發放給公家眾的。雖說義昭的大場面全都是由信長出錢撐持，但對信長而言，這也是他打算為自己的上洛作戰成功，以及自己庇護的義昭就任將軍，打造一個華麗且合適的句點。

這筆獻金除了義昭的將軍宣下以外，也是用來紓困朝廷因為資金不足而停滯的各種活動費用，比方說，被視為正親町天皇繼承人的誠仁親王元服費用。負責準備元服裝扮的山科言繼，在十月十一日很快從朝廷那裡收到了衣裝的染色費用。但是按照他的記錄，因為這筆一百疋（一貫文）的經費是「惡物」，所以朝廷實際給了他一百五十疋（一貫五百文）（這點前面已經提及過）。根據言繼的其他紀錄，信長獻上的「萬疋」中，有三百貫文是「徹徹底底的惡物」，因此在其他林林總總的費用上，也都是以「惡物」十貫文等於精錢七貫文來計算，並分配「惡物」的額度（〈言繼卿記別記〉）。從這裡我們可以得知，在公家眾中，即使是「惡物」，也還是可以在市場上以本來的錢（精錢）三分之二的價值當成貨幣流通。

收到的不是自認理所當然該拿的精錢，而是市井小民平常使用的「惡物」，這些公家眾對剛上洛不久的信長，究竟會抱持怎樣的感想呢？信長憑藉壓倒性的武力上洛，意氣昂揚地對朝廷進行資金援助，可是他提供的錢卻盡是惡錢。毫無疑問，這惡錢讓信長在他們面前面子徹底掃了地。

同樣在十月舉行為義昭獲得將軍宣下而發放的錢，也是「超乎想像的惡物」，因此朝廷的辦事人員大表不滿，甚至留下「幾乎沒辦法接受」的文件記錄（〈鎌倉將軍以來宣下文件〉）。

這樣看來，信長掌握在手中的，盡是那些公家眾視為惡錢、不屑一顧的錢。當然，因為它們是實際流通的貨幣，所以也不能非難支付者，但公家眾出乎意料的反應還是會讓信長感到不知所措吧！看樣子，公家眾是把信長鄙視成對京都的事情蒙昧無知、手上只有一堆惡錢的鄉下武士了吧。

就像這樣，在一五六〇年代後半時，即使在朝廷周遭，也屢屢因為被稱為惡錢的錢而引發糾紛，故此我們可以確知，在以京都為中心的畿內市場，錢的實際流通狀態也持續在轉變，而究其原因，很有可能是如先前所述，海域亞洲情勢的變化導致供給停滯所致。在需錢孔急的情況下，不得不使用過去廢棄的粗惡錢，結果就是圍繞著「這東西究竟能不能當成貨幣通用」，不斷引發紛爭。

信長的撰錢令

對信長而言，先前提到的惡錢事件毫無疑問是奇恥大辱。第二年（永祿十二年，一五六九年）二月，他成功讓義昭進入朝廷參詣天皇，但作為費用，這次他沒有獻上錢，而是改為獻米；看樣子前次的失敗，應該相當程度傷了他的感情。信長終其一生停留在京都的時間很短，有人認為他是為了迴避京都公家社會才如此，但或許上洛不久後的這起事件也有不小的影響。

就在向朝廷獻米同時的二月二十八日，信長在京都發布了貨幣史上相當重要、關於錢的法令，那就是信長的撰錢令。在京都市內發布的這項法令，其條文如下（《中世法制資料集》第五卷六八五。另外，內容大致相同的法令，也在同年三月一日於攝津國的四天王寺（大阪市）境內公布實施）：

一、「轉」（洪武通寶的模鑄錢？）、燒製錢、宣德通寶，兩枚相當於一文。

二、「惠明」、嚴重缺損、破損、磨損的錢，五枚相當於一文。

三、「打平」、「南京」，十枚相當於一文。除此之外的錢都視為精錢（一枚一文）。

四、段錢、地子錢與諸公事等的役錢、金銀、唐物（來自中國的輸入品）、絲綢、日常生活必需品、五穀以下的穀物，以及除此之外的各種商業買賣，皆按交易時的行情價，基於一到三的規定，用錢支付。作為補充規定，接受錢的一方不得違反規範，任意對錢進行選別、哄抬價格。

五、關於四中的金錢交易，以精錢和「增錢」（一至三類的錢）各一半的比例進行支付。但除此之外的金錢交易，則由當事者之間自由判斷。

六、嚴格禁止收購惡錢。

七、在違反撰錢規定者的處罰定讞前，如果有人闖進他人家中恣意破壞掠奪，當事城鎮的相關人員應將破壞者加以逮捕、並向上報告，坐視不理者視為同罪。以上的規定必須嚴格執行。若有違反者，必須將其姓名記錄下來，並向上報告。即使是侍奉權力者的人，也要加以處罰。以此為令。

本法令也針對違反規定的罰則進行補充，內容如下：

八、違反一文單位的買賣，罰金為十文。

九、違反十文單位的買賣，罰金為一百文。

十、超過一百文以上的違規，罰金和違反金額同額。

因為規定了金額頗為細微的罰金，所以可以將這項命令解讀成是要對極為庶民化的一般交易進行干預。但不只如此，從這篇法令的內容中，也可以隱約讀出信長把雖然價值有損、卻實際作為貨幣流通的錢當成獻金，結果卻被視為「惡物」遭到公家排斥，從而流露出的遺恨。一到三條中所認定的錢，正是被看成「惡物」的錢，信長卻以條文形式將之合法化，並強迫權力者階層遵守之；故此，將它解讀成一種報復，或許也是可以接受的吧！

雖是充滿企圖心的內容，但……

暫且擱置動機不提，信長發布這份撰錢令似乎是帶著非比尋常的意圖。之所以這樣說，是因為這和一直以來室町幕府等權力者屢屢發布的撰錢令，在內容上有很大的差異，明顯不是因襲先例。它的重點果然還是在條文一到三。過去在京都發布的撰錢令，雖然作為對象的錢會因時而異，但針對「哪種錢可以作為貨幣使用、哪種又不行」進行定義的內容，則是相當一貫。但是信長的撰錢令不同，是把錢的價值分成好幾類來定義，這是最大的特徵。

就像前面已經提到的，這是依循市場對錢使用方式形成的產物，但把錢的價值分成幾類，其實是在十六世紀上半葉日本各地都可見到的現象。從這點來看，將之明文化的信長撰錢令，可以評價成前所未見、非常劃時代的法令，且具備依循市場動向的現實內容。故此，過去把信長的撰錢令一味認定為「內容不現實、對經濟具有負面效果」，這樣的評價其實是過於嚴苛了。

話雖如此，過去這種低評價其實也有其道理在。畢竟，信長的撰錢令實際被遵守到什麼程度，從史料中並無法確認，所以其效用多多少少讓人有點掛心。在先前的撰錢令發布約半個月後的三月十六日，信長又發布了以京都上京為對象的追加令（《中世法制史料集》第五卷六八七）。這項追加令的內容如下（為方便敘述，我們接在前面的法令後面，從十一開始）：

十一、不得使用米進行買賣。

十二、就生絲、藥材十斤以上、綢緞十反以上、茶碗用具一百個以上進行交易的時候，可以使用金銀進行買賣。只是，在沒有金銀的時候，必須以法令規定的「善錢」（精錢）來支付。其他唐物也依此為準。除此之外的交易，全都要使用法令中規定的錢。但是，如果就對象外的物品偷偷以金銀進行買賣，則要嚴罰。此外，金十兩為錢十五貫文、銀十兩為錢兩貫文，以此計算。

十三、祠堂錢（向寺院借的錢）、抵押的錢、各種交易以及民間借貸，都必須使用法令規定的錢來償還，但如果是借用金銀，則可以用同量的金銀來償還。作為附加規定，在沒有金銀的時候，必須以法令規定通用的錢來償還。

十四、關於見世棚（店鋪）的商品，如果有因為法令發布，而意圖惜售、囤積居奇者，永世禁止在信長的分國中做生意。作為附加規定，在進行各種交易之際，禁止金銀的兌換。又，對於買方充當支付之用的金銀，賣方不得隨自己喜好，做出任意的要求。

十五、不論大小，在貨物或商品交易上違反法令者，必須確實通報官員。若有可疑者，其貨物應當全部交給官員。

十六、關於罰金，從一文到一百文的違規為一貫文。一百文（原文為「百疋」＝一貫文，但正確應該是「百文」或「百錢」）以上的違規，則罰十貫文。其他事例也依此為準。

十七、有違反法令者，應在市鎮內進行處分。如果遇到市鎮（町）本身無法處分的情況，則由該町所屬的總町下級官員進行處分。如果還是難以處分的話，則必須就內容進行緊急報告。告發違法者的人，應當給予錢五貫文的獎賞。

一直以來大多數研究者注目的，是開頭的第十一條。通常若有法令明文化，則在實際上必定會有其中提到的情況存在。換言之，第十一條之所以禁止用米進行買賣，就是因為在第一線使用米來買賣、把米當成貨幣使用的狀況相當盛行，而這是明顯違反先前信長撰錢令的行為——不，或許會有人反駁說，正因為撰錢令沒有明確規定禁止使用米為貨幣，所以不能說是違法吧！用米進行買賣的人大概就是這樣主張的。但是信長的意圖，是要明確規定只能使用錢來進行買賣，因此允許用米來進行買賣是毫無道理的解釋。也正因如此，他才會發出追加的第十一這項規定。

信長的撰錢令之所以不被市場接納的理由之一，就是這點。從之後的實際狀況來看，這種反論明顯是正確的。進入一五七〇年代後，京都和奈良以米為買賣手段的史料紀錄反而增加了；不只這樣，它在一五七〇年代前半實際上到達了最高峰。之所以如此，理由明顯是錢不足。雖說是「使用米」，但第一線確切的狀況是，因為沒有錢，所以再沒有米的話，買賣就無法成立了。信長的撰錢令不能不說是明顯誤讀了這種實際狀態。

誤讀了市場的變化

不對，就算沒有米，還有金銀不是嗎？事實上在十二和十三條中，對此也有部分允許不是嗎？也有這樣的意見。可是金銀對庶民的價值有點太高了。就像十二條中舉出的對象物品，以及信長自己設定的匯率所呈現的，金就別提了，就算是白銀，一兩（約十六公克多一點）也有兩百文的價值，換算成現值約為一萬日圓，若要將之稱為「小錢」，離現代人的感覺也未免太遠了。更不要說比起現在的我們，生活水準遠遠更低的當時一般都市居民，簡直是見都沒見過的天價。因此，金銀實在太過昂貴，無法替代錢。

與之相比，米在當時大概是一斗兩百文錢，也就是一合約為兩文。當時因為錢不足的緣故，以錢來支付的米價異常低廉，因此用米來代替錢，可以發揮充分的效果。不只如此，米的品質也不會有極端差異，可以維持充沛的生產量，且作為糧食、兵糧與年貢，是經常有需求的存在。正因如此，比起其他物品，米被交易對象接納的可能性很高。米被當成貨幣使用，就是以上的要素在起作用。

第十二條的規定也可以看成是受市場動向逼迫，做出妥協的結果。作為比較的對象，我們可以看看它和第四條之間的關聯。第四條規定包含唐物和絲綢，各種品項都不得以錢之外的方式進行支付，但十二條則認可在高額交易方面可以使用金錢支付；之所以如此，應該是遭到貿易商人的反彈之故。畢竟在錢不足慢性化的階段，將需要大量錢的高額交易限定成只能用錢支付並不現實。僅僅半個月的方針轉換，可以評價為信長展現出其柔軟的身段，甚至可說是勇於任事，但從法律持重的角度來看，免不了要遭到過度魯莽行事的批判。罰金的規定十六，也是因為看到當初的處罰效果不彰，所以早早斷然改成嚴懲化。

僅僅半個月就被迫做出這種變更，只能說是事前的研究不足。信長的撰錢令並非依循經濟動向琢磨出來的產物，只是倚仗威勢制定出來的東西。這樣一想，就會更覺得他制定這項法令的根本動機，或許是因為對先前「惡物」屈辱感到憤怒所致了。其他法令姑且不論，將永祿十二年的撰錢令評價為「在不精通當時京都狀況的情況下仗勢發布、不成熟的法令」，可說公允。雖然把這點延伸到給予信長的整體經濟政策低評價，是件必須謹慎為之的事情，但要說信長精通當時的經濟，果然還是過度高估了。

轉瞬間就遭到遺忘

即使從之後的發展來看，第一線也毫無嚴守撰錢令的跡象。在撰錢令發布的永祿十二年十二月，信長在京都發布通知，要將使用米進行買賣者以及違反法令進行過剩撰錢者的財產加以沒收（闕所），也就是更進一步嚴罰化（《中世法制史料集》第五卷七〇二）。由此可以得知，信長對於這種毫不遵守法令的情況，怒氣已經到達頂點；但是從第一線角度來看，這種非現實的命令，硬要遵守實在是沒辦法。米的「貨幣化」已經是無可避免的現實。大張旗鼓當成關鍵推行的第一到三條規定，在史料上也確認不到遵守的跡象。第二年（永祿十三年、元龜元年，一五七〇年）三月十六日，在尾張國熱田也發布了撰錢令的追加法令（不過，也有說法認為不是永祿十三年，而是永祿十二年，也就是跟京都的追加令同時發布）。在這份追加令中首次修正，將「下之下古錢」（劣化的渡來錢）兩枚，加進一文錢的認可範疇當中，同時還是禁止以米來買賣；但這份命令的效果如何，也一樣不甚清楚。

在這之後，信長就再也沒有提出關於貨幣的政策。同年開始，他和朝倉氏的抗爭進入拉鋸戰，戰線擴大達到極限，另一方面在他身邊，他和將軍足利義昭的關係日趨險惡，政治情勢也變得極度嚴酷，這是眾所周知的事。或許是因為這樣，他才不再提出經濟政策；可是和上洛不久後懷抱前所未見的熱情相比，他似乎已經心灰意冷，失去了大刀闊斧管制貨幣的意欲。

雖然有形形色色的說法，但信長對貨幣確實是徹底撒手不理了。如果《信長公記》的記述可信，那麼在這之後，信長自己也大多使用金銀為贈答手段；同時京都的公家社會間也變得頻繁使用金銀來進行贈答、買賣與借貸。先前信長發出撰錢令這件事已經被所有人忘掉了。就這樣，原本就是對市場變化看走眼的信長撰錢令發布不到幾年，就已經變成了歷史上的產物。

在這裡，我要針對撰錢令的第七到十七條規定進行補充。這當中提到，當發現違反法令者的時候，應由「町」對違法者進行拘留與處分。這裡的「町」是住民的自治組織，在京都於十六世紀下半葉其自治獲得進一步的強化。中世的京都大致分為上京、下京兩個市區，都市相當發達；上京以三條、下京以七條為中心。

在這種「町」上面，還有把相鄰好幾個「町」結合起來的「總町」這種組織。總町是把上京、下京各自團結起來的自治組織，由町人中選出的宿老來負責統治。總町也是從十六世紀中葉起開始活躍地展開活動。就像撰錢令所呈現的，這時候的京都並不是受權力者直接支配，而是由這種層疊的自治組織進行統治。

另一方面，第五章提及的安土等其他城鎮有沒有自治，並不明確。只是，就像北庄商人組織起來的座，和領主間有著獲其賜予、作為諸役擔保品的特權般，這些商人和城鎮自治之間的關聯，是很值得我們思考的。

二、檢地和石高制

新政策的必要性

正如迄今為止反覆陳述的，對權力而言，最重要的收入就是年貢；這點即使在直奔統一政權之路的豐臣政權也沒有任何改變。故此，建構起安定徵收年貢的體系並加以營運，是維持政權最重要的事。

要讓體系安定，最重要的就是如何以清晰可見的方式，呈現出繳納一方看來適切的負擔，也就是公平。雖然這在現代社會也是稅制的基本，但不管在什麼時代，都是不曾改變的事實。只是對大名權力負擔（也就是軍役）的大小，在很多時候都會左右政治力，所以往往會出現欠缺公允的情況，而這確實也會形成政權在經營上的破口。

就像前面所看到的，在戰國時代的稅制，也就是作為徵收年貢前提的賦課基準（尺度）上，大部分大名都是採用錢為基準。但是一五六〇年代以降，錢的價值產生差異且錯綜複雜，因此以錢為基準的做法其弊害也變得明顯可見。為了讓公平性明確，尺度是很重要的，但錢作為尺度的機能低落，對公平徵收年貢就成了一種阻礙。

然而，貿然將透過錢建構起來的賦課基準徹底廢除，副作用實在太大；要安定地轉換基準就必須做好相應的準備。故此，各大名紛紛採取階段性的處置方式。接下來就讓我們以織田信長的支配領域為對象，來看當時的情況。

信長的領國會隨著地域不同而有統治方式的差異，這點是已經相當清楚的事。簡單說，在舊有家臣領地占大半的尾張、美濃兩國，就算信長想介入這種既得利益，革新稅制，也相當困難；但另一方面，在舊有權益歸零的新征服地，要引進新的年貢收取方式則比較容易。

從一五六〇年代到一五七〇年代，信長在新征服的地域，為了實現安定的支配與年貢徵收，極力尋求稅制的重新建構。可是面對舊領主作為基準的錢之混亂（價值低落），基準的改正就變得相當必要。

要解決這個問題有兩種方法：其中一種是在作為基準的錢支付數值上繼承舊領主的規範，但在年貢方面則依循錢的實際行情價，將徵收額度予以提升。徵收的錢增加正好可以抵消錢的貶值問題。雖然從名目上來看，徵收額的增加就等於增稅，但和物價水準比較，則其價值並沒有改變；換言之，實質的負擔和先前是一樣的。這可以說是作為新領主為了接納征服地的納稅者（百姓）而施行的政策；可是因為從帳面上來看像是一種增稅，所以毫無疑問，也必須進行相應的說服工作，比方說減輕其他負擔，或是免除一直以來的負債等，換言之就是跟樂市相同的政策。

以織田領國的事例來看，在消滅朝倉氏平定的越前國就是採用這種方式。天正四年（一五七六年）三月，柴田勝家一面維持一直以來的貫高數值，另一方面又以過往三倍的金額徵收當時流通的錢（《中世法制資料集》第五卷八五四）。我們得知這種方式也被毛利氏等大名所採用。雖然是推測，不過織田氏大概是判斷越前國在朝倉氏滅亡後、真宗門徒不斷揭竿而起，支配不安定，所以繼承過往的賦課基準，不去招致混亂，方為上策吧！

石高制的開始

另一種方法是將成為混亂根源的以錢支付（錢建）基準徹底放棄，設置全新的基準；也就是引進以米來支付（米建）的基準——石高制。

和越前不同，在某種程度上較為安定、能夠進行支配的其他地域，有很多從敵人手中奪取的領地都成為信長的直轄地，家臣也都採支薪制。除此之外，以京都周邊的山城國為主要對象，在天正三年（一五七五年），信長將一部分的領地給予京都的寺社和公家眾當成「新地」。這些新地的評估方式也都不採取錢建，而是用米建，也就是石高來進行記錄。

為了在新基準下進行記錄，就必須進行簡單的土地調查，以確定數值。不過，基本上這種調查都是委託給受益者方面自行申報（指出檢地）。和之後的豐臣秀吉不同，信長並沒有派遣官員到當地進行詳細的檢地。畢竟對常常在各地進行戰爭的信長而言，比起綿密的調查，透過迅速處理徵收到急需的年貢（也就是兵糧），是更優先的事項。若是進行詳細調查，就不得不對像是為了逃稅、偷偷開發的土地之類進行揭發，結果免不了會產生和地域間的齟齬，而這是必須避免的。

事實上，終信長一生，對透過檢地進行徹底土地調查這件事幾乎是毫不關心；和徹底進行檢地的北條氏、武田氏、毛利氏等其他戰國大名相比，反而被評價為一種「落後的權力」。可是另一方面，信長和設下各種免除規定的其他大名又不同，他完全不承認軍役等例外特權，對公家寺社等安堵的領地一律課以軍役（稱為國役）。和大多容許領國內有一部分非課稅特權（稱為不入）的其他大名相比，信長的態度非常強硬，而這種強硬之所以可行，背後是有他的強大權力作為擔保。若是重視這點的話，信長一方面對百姓採取比較穩當的應對方式，但另一方面則對追隨自己的領主階層徹底要求負擔，堪稱是嚴酷至極；這或許可以評價為所謂「信長流的公平」吧？

姑且不提這點，過去被稱為「日本史上重大轉變」的石高制本身，雖然有檢地不徹底的問題，但在一五七〇年代後半已經被織田氏的領國所採用。只是，與其說這是基於宏觀國家構想下形成的產物，不如說是受到信長上洛前後，畿內周邊日趨嚴峻的貨幣流通狀況所影響，才更接近於現實。當然，戰爭大規模化、兵糧調度重要性增加的結果，讓轉換為米建基準、直接徵收米成為現實，這樣的事實與社會情勢，確實都成了促進石高制的動力；而這樣的政策也確實為後續的豐臣政權所繼承。在豐臣政權下，不只是年貢徵收，軍役等形形色色的役負擔也都統一為石高，這點又被之後的江戶幕府所繼承。

統一基準的制定

石高制要一律引進列島還有一個條件，那就是計量米的基準，也就是量米器（枡）的大小，必須以官定方式加以統一。在中世，量米的枡的大小，不只是每個地域，甚至連使用的各個領主之間，也都形形色色不一而足，根本不存在官定的統一基準。如果要建立以直接徵收米為基礎的稅制，那不只作為基準的數值，連實際徵收用的量米基準也必須加以統一才行。故此，對於枡的官方規格，就產生了制定的必要。

這時候被當成官定的枡來採用的，大致是當時京都比較常用的「判枡」。按照通說，決定引進這種度量衡的是秀吉，但事實上最初引進它的並非秀吉而是信長。

雖然只限定於自己的支配領域內，但信長在一五七〇年代已經採用判枡為公定量器。這種判枡，在秀吉時代稱為京枡。就這一點來說，信長的「先見性」確實可以給予很高的評價。

除了枡之外，當一直以來的徵收對象從錢改為米時，其換算值（匯率）該怎麼設定，也是一個問題。通常的做法是以實際行情價為基礎來決定；比方說在一五七〇年代的畿內，錢一百文和米兩斗，大約是等價的交易行情。雖然依據土地的評價（能夠生產多少米）而在數值上多多少少有所出入，但大致是以這種匯率為基準來進行換算。

要擔保稅的公平性，像以上這樣整理徵收基準是其大前提。故此，石高制被認為是最合適的手段。

在徵收像米這樣的實物之際，必須制定度量的統一基準，並將之徹底運用才行；不然底層的官員會貪贓枉法，造成公平性的嚴重損害。雖然我們很難推估戰國大名對於貪贓枉法究竟嚴格處理到什麼程度，但以北條氏的情況來說，他們會建構起一套讓百姓投訴官員枉法的制度，並在小田原城下設置投書箱，稱為「目安箱」；這套制度後來也被德川吉宗採用而廣為人知。由此可以察知，即使時代變遷，為了擔保公平而設立的制度基本上是不變的。雖然信長和秀吉沒有設置目安箱的形跡，但對底層的貪贓枉法應該還是時時留意的。

三、金、銀、ビタ（鐚）的時代

在日文中有個俗語叫做「ビタ一文」；不用說，它的意思是指「一點點的小錢」。這裡的「ビタ」，用漢字寫作「鐚」（日本獨有的「國字」），常常被用來指惡錢的意思。換言之，一般的印象中，它就是一種只有一點價值、甚或沒有價值的錢。

話說回來，我們得知所謂ビタ，是一五七〇年代在畿內周邊首次登場的事物。為什麼它會在這個時代出現，實際上又是怎樣的錢呢？

在織田信長上洛的一五六〇年代末已經很嚴峻的精錢不足，到了一五七〇年代迎來極限。根據奈良興福寺的塔頭——多聞院的院主英俊的《多聞院日記》記載，永祿十三年（元龜元年、一五七〇年），以米代錢進行支付的事例急遽增加。

舉個例子來說，同年正月二十日，作為「妙德院破鏡出錢」，本來高階僧侶應該要出錢（精錢）二十文、低階僧侶應該要出錢十文作為布施之用，但改成了施予「代米」（前引書同日條）。同年四月七日，對「笠間茶四斤」，本來一斤是錢五十文的價格，但實際上支付的是每斤一斗六升的米（前引書同日條）。接著在元龜二年（一五七一年），用米進行買賣的案例最終占了絕大多數（高價時也有使用金銀的場合）。

但是邁入元龜三年（一五七二年）後，我們可以看見情勢一轉，出現使用稱為ビタ的錢之案例。事實上這種ビタ，與比精錢價值更低、一五六〇年代稱為「惡錢」的錢是一樣的東西。英俊對使用這種作為非正規錢幣的ビタ抱持著抵抗的態度（之所以稱之為ビタ，也是因為這樣的意識之故），但到了天正四年（一五七六年）還是莫可奈何地使用起它來；但是在這時候，這股時代潮流已經無可抵禦。此外，相當於ビタ的「鐚」這個字在這個時期還沒有開始使用，是到慶長十三年（一六〇八年）江戶幕府發布的撰錢令才首次見到。

ビタ是為了彌補日本慢性化的錢不足，由民間部門自行偽造的模鑄錢或無文錢。雖然它從以前開始就扮演著輔助一直以來流通錢幣（精錢）的角色而流通，但到了一五七〇年代，精錢從市場上消滅，所謂錢實際上只有使用ビタ而已。只是，這並非出於權力的指令，而是市場自律選擇的結果。

對於這樣的變化，權力者基本上只能追隨對應而已。在本能寺之變後勢力日益擴大的畿內，羽柴秀吉於天正十年（一五八二年）十月發布了一份公告；根據這份公告，精錢與ビタ的匯率為「三文立」，也就是ビタ三文的價值等於精錢一文（《豐臣秀吉文件集》五三一）。話雖如此，這並不是用在商業交易上，而是為了將以精錢計算的年貢高（貫高）折算成ビタ而發出的指示。就像前面看過的越前事例一樣，畿內仍有保留錢建稅制的地域，因此有必要針對年貢徵收的基準進行調整。最後，隨著檢地轉換成米建（石高）制，這樣的調整也不需要了。

換言之，石高制的登場和一五七〇年代貨幣流通的狀況有很大關係。在精錢消滅、ビタ登場、錢幣行情混亂的一五七〇年代，建立在錢建制基礎上的各領主稅制也跟著陷入大混亂。結果，品質不致有太大差異，隨著枡統一、度量也比較容易（且需求很高）的米受到矚目，從而強烈促成了轉換為米建基準，也就是石高制的採用。豐臣秀吉正是巧妙地搭上了這股時代潮流。

金與銀

另一方面，因為巨大化的戰爭需要大量物資，所以光是米和錢這種小額貨幣的流通，對政治和經濟都會造成很大的阻礙。這時候作為高額貨幣被使用的就是金和銀。

在關東，還是在一五七〇年代以降北條氏的領國下，使用黃金為貨幣的事例不斷增加。之所以如此，大概是駿河、甲斐等周邊地域產出的黃金流入關東之故。此外，在江戶時代成為一大產地的佐渡也已經開始進行黃金的採掘（當時處於上杉氏的支配下）。北條氏和支配這些地域的大名雖然未必關係都友好，但在經濟上還是存在著交流。

一五七〇年代在關東周邊，黃金作為貨幣流通對往後的時代也有重大影響。邁入十七世紀（江戶時代）後，將政權基礎置於關東的江戶幕府雖鑄造了官方的金幣（大判、小判），但這是因為在戰國時代的關東，用黃金為貨幣的情況已經相當普及。江戶幕府認為，與其大幅變更貨幣秩序、招致社會混亂，還不如在既有的規制制度上進行更新，並將之採納為公共秩序，也就是選擇了一條安定繼承秩序的道路。

同時在一五七〇年代的北條氏領國，就像先前提到的，他們指定了「永樂錢」為繳納年貢的手段。結果，北條氏在需要用錢支付的場合也都是使用「永樂錢」。從這點來說，我們可以認為在北條氏領國形成了一個以「永樂錢」為基準錢的通貨圈。

另一方面，在西日本的經濟中心地京都，雖然也有一些使用黃金的情況，但從織田信長上洛的前後開始，作為貨幣使用的是白銀；這點在前面信長的撰錢令中也可以看到。銀的使用在一五七〇年代後日益擴大，到了豐臣秀吉極盛期的一五九〇年代，已經普及到了即使在小額支付中也屢屢被使用的程度。其背景包括石見銀山與但馬國的生野銀山（兵庫縣朝來市）等銀山的開發，在西日本不斷展開，以及貿易興盛的西日本採用白銀作為結算通貨，都產生了影響。

結果，在江戶幕府成立後，西日本仍然不使用金、而是以銀當成主要貨幣來使用。其經濟的中心地是大坂，而大坂則如眾所周知，是一五八〇年代以來急遽開發起來的都市，也是豐臣政權經濟的中心地。大坂從發展之初，就被銀的使用所滲透，江戶時代也繼承了這點。

邁向三貨制度

另一方面，隨著豐臣政權的全國統一，錢在地域落差方面的調整就成了課題。前面有提到，畿內周邊普及的是ビタ，但關東的情況則頗不相同，形成了在北條氏底下以永樂錢為基準的通貨圈。天正十八年（一五九〇年）豐臣秀吉消滅北條氏，平定東國，終於邁入天下統一的階段，於是對應這種地域落差的必要性就應運而生。當然，關於年貢徵收與軍役賦課的基準，在火速進行檢地、引進石高制下，許多地域都完成了調整。但是，在耕作困難的山間等地帶，仍然有不以米，而是以貨幣來徵收年貢的必要，因此調整仍需要花上一定時間。於是作為眼下的處置，一部分地域還是保持以錢建為基準。

在這裡成為問題的是永樂錢與ビタ的匯率。因為北條氏領國是以永樂錢為基準，所以錢建也是以永樂錢為基準。可是永樂錢的設定價值明顯比ビタ來得更高，所以不能照著原樣，將之作為基準使用。故此，果然還是要對數值進行計算處理後，換個方式來表示。豐臣秀吉將這種匯率規定為「關於永樂前，金一枚為二十貫文；ビタ的話，則是永樂一文等於『三錢立』」（《豐臣秀吉文件集》

三四一四）。果然就算在關東，永樂錢的幣值也還是ビタ的三倍。雖然這可以看成是為了防止把畿內的精錢與關東的永樂錢當成等值、造成混亂的措施，但秀吉似乎很拘泥於「三倍」這個數值。這個匯率在後來慶長十三年（一六〇八年）發布的江戶幕府撰錢令中，以四倍的形式（也就是永樂錢的價值上升了）被承繼下來。此外，邁入十七世紀後，ビタ被稱為「京錢」，也就是認知到它原本是以京都為中心流通的錢，所以才這樣稱呼。

在江戶時代，幕府自己發行金、銀、錢三種金屬貨幣，稱為「三貨制度」。以這三種金屬為貨幣的社會，是隨著十六世紀下半葉市場的活動慢慢形成，權力只是乘著這股潮流行事；故此，對一直以來的經過有必要加以理解才行。經濟政策對權力而言，雖是最為重要的項目之一，但這項工作，其實僅限於如何確切對市場自律形成的秩序，進行整理而已。只憑權力者一時興起來推動經濟，不管是信長、秀吉還是家康，都是不可能的事。

終章

戰國大名的經營與日本經濟

領國經營並不輕鬆寫意

本書將戰國時代盤踞各地的戰國大名視為「地域國家」，並就這些「國家」的財政進行敘述。最後，我想在這裡做個概要彙整。

我從戰國大名經營的觀點出發，針對具體的收入與支出，盡可能以淺顯易懂的數值來呈現，並加以說明。作為結果，我在這裡重新整理一下估算出來的財政規模。

大名的經營規模，當然隨其支配領域的質、量有很大差異；以支配複數國等級的大名來說，每次戰爭往往會動員戰鬥員數千，再加上與後勤補給相關的非戰鬥員，人數大約為兩萬人。基本上戰鬥員的武裝與兵糧是自備，但假使有必要準備兵糧的話，每個人一天要配給六合米；假使戰鬥員有兩千人，那一天就需要十二石米，持續一個月的戰爭就需要三十倍的三百六十石米。米一石的價錢為錢五百到七百文，一個月就需要錢一百八〇貫文到二百五十二貫文；換算成現值就是接近一千五百萬日圓。如果還需要另外準備鐵炮等武器，那金額還要更往上提。要是欠缺戰果，就會直接造成財政的負擔。如果是像毛利氏這樣要靠借米來進行戰爭的大名，那就沒有太多的餘裕了。

在平時的負擔方面，雖然基本上是受益者負擔，由大名直接支出的場面並不多，但作為織田信長一大事業的安土城築城，投入的經費則高達現代價值的一百億日圓之多。雖然拿來比較不能說一定適切，不過在天文九年（一五四〇年）織田信秀應伊勢外宮要求，捐贈遷宮費用的事例中，當時的金額合計約當於錢七百貫文（〈外宮引附〉），換算成現值不到五千萬日圓。即使是京都最大規模的普請——皇居（內裡）的建築，也遠遠不及安土城。由此可以得知，安土城築城的規模有多麼破天荒。只是一般大名的城郭普請或城下町整飭，當然沒有花費到這麼誇張的程度。戰國時代的城郭基本上並沒有天守，因此就算估計再高，大概也頂多跟上述的外宮遷宮費用規模差不多吧！不過，這也只是純屬推測而已。

大名的經常收入來源當然是以年貢為首的諸稅。雖然將重點放在何種稅目會隨每個大名而異，但以年貢為核心財源這點是共通的。稅率也隨大名而異，但就持有一段田的一名百姓（含其家人）的稅賦來算，總額大概是一年一貫文。除此之外，還要課徵夫役與普請役等勞動服務，支付的金額估計起來大概是現值十萬日圓。計算戰國大名領國的人口雖然極其困難，但當時日本的總人口估計約為一千五百萬人，因此每一國的平均，除了島嶼地帶與小國外，大約是二十萬到三十萬人左右。假設一家百姓有十人（三代同堂），那支配一個國的大名，在他底下居住的百姓就有兩萬到三萬人；如果年貢是一人一貫文，那年貢的總額就可推定為兩萬貫文左右。儘管不能說相當頻繁，但這確實是勉強得起支撐起戰爭經費的規模。從這些收入中，還必須充當大名的生活經費、建築費與修繕費、褒賞、贈答、儲蓄等各類需求，因此就算不是相當吃緊，至少也不是信手捻來、不費吹灰之力的程度。此外，以支配東北地方數郡的伊達氏來說，如我前面指出，他們的收入至少也有好幾千貫文。

戰國大名經營的經濟規模，大致就如以上的推估。至於究竟是出乎意料地豐裕，還是沒有想像中那麼闊綽，這就隨讀者的印象而異了。當然，本書進行的作業，完全只是基於有限的史料來進行推估，因此過度相信是絕對不行的。今後仍當蒐集更多的史料，並因應這些史料進行修正，因此現在徹頭徹尾只能當成一個概略標準而已。

為了存活下去

對做為自立權力的戰國大名而言，最重要就是確保安定的收入。這不只是為了維持、增強軍事力，以防備周遭的敵人，也是為了讓領內居住的家臣與百姓賴以謀生的行政，得以持續下去（公共投資）的必要之事。這樣的政策正是國家最根本的事物。

對大名而言最重要的收入來源，就是我一再提及的年貢（米）。在稻作從古代以來就是中樞產業的日本，權力者的收入來源受到稻作規制，自是理所當然。話雖如此，實際上也有不少大名並不直接徵收米，其中的代表例子，就是稱霸關東的小田原北條氏。

北條氏等好幾個大名，建立起以貨幣為主、徵收錢的體系；之所以如此，理由只有一個，那就是徵收貨幣比較方便。米雖是作為兵糧最重要的戰略物資，但很容易受到豐收、歉收等價格變動的影響，而且在打算入手米以外的物資時，還要把米賣掉換錢，很花工夫，所以在財政營運上會構成很大的障礙。雖然也有以貨幣徵收年貢、但年貢賦課基準還是保持傳統米建的大名，但北條氏則是建構了以錢建為基準的稅制（貫高制）。有很多研究者給予好評，認為這種做法即使在戰國大名中也是屬於先進的策略。北條氏的勢力擴大都是靠這種先進的體系支撐。以貨幣為年貢的徵收體系，也被大內氏、大友氏、朝倉氏等其他許多大名所採用。

用貨幣徵收年貢最大的好處，就是能夠迅速入手米以外的物資。包括米以外的食料食品、領內很難大量生產的武器與均需物資、山間地帶經常不足的鹽等，因地域特性而無法在領內生產的必需品，還有不時做為外交手段、進行贈答用的奢侈品等，都屬於此類。不管怎麼說，戰國時代的大名不可能採行自給自足經濟，必須從各地調度物資，方能維持權力；故此，他們對貨幣的需求相當之高。

大名為了在與敵手的競爭中勝出，除了年貢之外，也貪婪地追求其他收入來源；因此驟然掀起的，就是礦山開發熱潮。作為代表例子的石見銀山在本書中也屢屢有所提及，但除此之外還有佐渡島與甲斐國、駿河國的金山，西日本但馬國開發的生野銀山等，不論何者都是在十六世紀達到開發的盛期。這些礦山主要是採掘金、銀，但其他像是武器用的銅、鐵等賤金屬，也在大名的指揮下持續進行生產。除了金屬之外，硫磺作為火藥的原料廣受珍重，大量輸出；而在日本，隨著火藥的生產技術傳入，硫磺主要也在西日本獲得消費。當然在此同時，鐵炮傳來後的急速國產化進展也相當重要；自己無法生產鐵砲的大名，就像本書提及的一樣，必須用非常高的金額來採購之。

以貨幣徵收年貢的體系，雖然變成支撐大多數戰國大名的財政基礎，但使用年數達到一百年左右後，還是產生了制度疲勞。其中最重要的原因，就是作為基準的錢之秩序產生了變化。雖然詳細情況先前已經講過，在此就不再重複，但在一五七〇年代，作為基準的錢之價值動搖，結果造成了稅制的扭曲。大名無法對此坐視不理，立刻得面臨迫在眼前的制度改革。經過無數的試誤，最後抵達的是「回歸」到以米建徵收米的體系，也就是石高制。豐臣秀吉積極採用的這個體系，隨時間被適用到日本列島整體，到了一五九〇年代中期，已經在幾乎日本全境落地生根。之後，它成為支持江戶幕府財政的基礎，勉勉強強一路維持到明治維新。

另一方面，當我們將目光投向日本列島以外時，十六世紀正如眾所周知，存在著世界經濟的重大轉捩點，那就是歐洲勢力的抵達東亞。在世界史中，西歐與中國透過海連結起來這件事是極為重要的；但就算在日本它的衝擊力道也極為強大。特別是在九州，各大名莫不早早設法贏取貿易權利，展開拉攏貿易商人的商戰。這當中有順利取勝的大名，也有落後的大名，前者的代表例子為大友氏，後者則可說是島津氏，而這對兩者從對立走向全面戰爭的政治情勢，也有不小的影響。這種驟然發生在日本的貿易熱潮，並不能全然只歸因於中國和日本等外部要因。就如本書反覆提及的，石見銀山的開發帶來莫大的白銀產出，是極度重要的因素，而其背景則是當時戰國大名積極的礦山開發。

要用數量準確估算貿易帶來的利益其實相當困難；但是如果貿易上軌道，那要滾出數千貫文的利益是相當可能的事。順道一提，在足利義滿極盛期展開的日明貿易，據估算至少有數萬貫文的利益。就算沒有到這種暴利等級，但對大名而言還是不可或缺的利益。硝石與鉛彈等軍需物資有賴輸入，也是重視貿易的關鍵理由。

對這種貿易權利最熱切注視的，其實是豐臣秀吉。在征伐九州之際接觸到貿易實態的秀吉，將各式各樣的規制強加在大名頭上，從而汲取過去他們保持的貿易權利。可是光這樣還不足以滿足，所以他才標榜征服中國、出兵朝鮮。秀吉的野心雖然遭到粉碎，但由中央權力獨占貿易權利的大方向，也被德川家康給繼承下來。就這樣，江戶幕府建立起管理貿易制度（朱印船貿易），大名事實上失去了獨自的貿易權利。在這之後，切支丹的放逐，以及與「鎖國」之間的聯繫，毋須再多所說明了。

本書雖是從大名實際收支這個微觀的視點開始寫起，但也從俯瞰戰國時代日本經濟整體的宏觀視點來進行敘述。雖然在經濟規模、技術、人們的氣質上，和現代不用說有很大的差異，但若從組織來看戰國大名這個權力體，我則是出乎意料地感覺到與現代頗有近似之處，各位讀者的感想又是如何呢？

不過，只有一點和現代是決定性的相異，那就是，對當時的人們而言，戰爭是時時圍繞在身邊的事物。

參考文獻

書籍

足立啓二《明清中国の経済構造》（汲古書院，二〇一二年）
池享編《銭貨——前近代日本の貨幣と国家》（青木書店，二〇〇一年）
池享《日本中近世移行論》（同成社，二〇一〇年）
池上裕子《戦国時代社会構造の研究》（校倉書房，一九九九年）
池上裕子《織田信長》（吉川弘文館，二〇一二年）
伊藤幸司《中世日本の外交と禅宗》（吉川弘文館，二〇〇二年）
伊藤俊一《室町期荘園制の研究》（塙書房，二〇一〇年）
浦長瀬隆《中近世日本貨幣流通史——取引手段の変化と要因》（勁草書房，二〇〇一年）
岡美穗子《商人と宣教師　南蛮貿易の世界》（東京大學出版會，二〇一〇年）

小野正敏、五味文彥、萩原三雄編《金屬の中世——資源と流通》（高志書院，二〇一四年）
小野正敏、水藤真編《よみがえる中世6——実像の戦国城下町　越前一乘谷》（平凡社，一九九〇年）
小和田哲男《後北条氏研究》（吉川弘文館，一九八三年）
小和田哲男《駿河今川氏十代——戦国大名への発展の軌跡》（戎光祥出版，二〇一五年）
鹿毛敏夫《アジアのなかの戦国大名——西国の群雄と経営戦略》（吉川弘文館，二〇一五年）
勝俣鎮夫《戦國法成立史論》（東京大學出版會，一九七九年）
金子拓《織田信長——不器用すぎた天下人》（河出書房新社，二〇一七年）
河內將芳《宿所の変遷からみる信長と京都》（淡交社，二〇一八年）
川戸貴史《戦国期の貨幣と経済》（吉川弘文館，二〇〇八年）
川戸貴史《中近世日本の貨幣流通秩序》（勉誠出版，二〇一七年）
岸田裕之《大名領国の経済構造》（岩波書店，二〇〇一年）

岸野久《西欧人の日本発見——ザビエル来日前日本情報の研究》（吉川弘文館，一九八九年）
岸野久《サビエルと日本——キリシタン開教期の研究》（吉川弘文館，一九九八年）
岸野久《サビエルの同伴者　アンジロー——戦国時代の国際人》（吉川弘文館，二〇〇一年）
久保健一郎《戦国時代戦争経済論》（校倉書房，二〇一五年）
久保健一郎《戦国大名の兵粮事情》（吉川弘文館，二〇一五年）
黑田明伸《貨幣システムの世界史》（岩波現代文庫，二〇二〇年，初版二〇〇三年）
黑田基樹《中近世移行期の大名権力と村落》（校倉書房，二〇〇三年）
黑田基樹《戦国北条氏五代》（戎光祥出版，二〇一二年）
黑田基樹編著《伊勢宗瑞》（戎光祥出版，二〇一三年）
黑田基樹《戦国大名——政策・統治・戦争》（平凡社新書，二〇一四年）
黑田基樹《戦国大名の危機管理》（角川ソフィア文庫，二〇一七年，初版二〇〇〇

五年）
小島道裕《戦国・織豊期の都市と地域》（青史出版，二〇〇五年）
五野井隆史《日本キリスト教史》（吉川弘文館，一九九〇年）
小葉田淳《日本鉱山史の研究》（岩波書店，一九六八年）
小葉田淳《日本貨幣流通史》（刀江書院，一九六九年，初版一九三〇年）
小葉田淳《金銀貿易史の研究》（法政大學出版局，一九七六年）
小林清治《伊達政宗》（吉川弘文館，一九五九年）
小林清治《戦国大名伊達氏の領国支配》（岩田書院，二〇一七年）
櫻井英治《贈与の歴史学——儀礼と経済のあいだ》（中公新書，二〇一一年）
櫻井英治《交換・権力・文化——ひとつの日本中世社会論》（みすず書房，二〇一七年）
櫻木晉一《貨幣考古学の世界》（ニューサイエンス社，二〇一六年）
佐佐木銀彌《日本中世の都市と法》（吉川弘文館，一九九四年）
佐藤圭《朝倉孝景》（戎光祥出版，二〇一四年）
佐脇榮智《後北条氏の基礎研究》（吉川弘文館，一九七六年）

佐脇榮智《後北条氏と領國経営》（吉川弘文館，一九九七年）
柴裕之編《尾張織田氏》（岩田書院，二〇一一年）
下村信博《戦国・織豊期の徳政》（吉川弘文館，一九九六年）
鈴木敦子《戦国期の流通と地域社会》（同成社，二〇一一年）
鈴木公雄《出土銭貨の研究》（東京大學出版會，一九九九年）
千田嘉博《信長の城》（岩波新書，二〇一三年）
高木久史《通貨の日本史──無文銀銭、富本銭から電子マネーまで》（中公新書，二〇一六年）
高木久史《近世の開幕と貨幣統合──三貨制度への道程》（思文閣出版，二〇一七年）
高木久史《撰銭とビタ一文の戦国史》（平凡社，二〇一八年）
瀧澤武雄《日本の貨幣の歴史》（吉川弘文館，一九九六年）
谷口克廣《織田信長家臣人名辞典　第2版》（吉川弘文館，二〇一〇年，初版一九九五年）
玉永光洋、坂本嘉弘《大友宗麟の戦国都市──豐後府內》（新泉社，二〇〇九年）

千枝大志《中近世伊勢神宮地域の貨幣と商業組織》（岩田書院，二〇一一年）
長澤伸明《楽市楽座令の研究》（思文閣出版，二〇一七年）
中島樂章編《南蛮・紅毛・唐人——十六・十七世紀の東アジア海域》（思文閣出版，二〇一三年）
永原慶二《室町戦国の社会——商業・貨幣・交通》（吉川弘文館，二〇〇六年，初版一九九二年）
新名一仁《島津貴久——戦国大名島津氏の誕生》（戎光祥出版，二〇一七年）
仁木宏、松尾信裕編《信長の城下町》（高志書院，二〇〇八年）
仁木宏《京都の都市共同体と権力》（思文閣出版，二〇一〇年）
西脇康《甲州金の研究——史料と現品の統合試論》（日本史史料研究會企劃部，二〇一六年）
日本史史料研究會編《信長研究の最前線——ここまでわかった「革新者」の実像》（洋泉社歴史新書 y，二〇一四年）
則竹雄一《戦国大名領国の権力構造》（吉川弘文館，二〇〇五年）
萩原三雄編《日本の金銀山遺跡》（高志書院，二〇一三年）

橋本雄《偽りの外交使節——室町時代の日朝関係》（吉川弘文館，二〇一二年）
早島大祐《徳政令——なぜ借金は返さなければならないか》（講談社現代新書，二〇一八年）
平井上總《兵農分離はあったのか》（平凡社，二〇一七年）
平尾良光、飯沼賢司、村井章介編《大航海時代の日本と金属交易》（思文閣出版，二〇一四年）
深尾京司、中村尚史、中林真幸編《岩波講座日本経済の歴史Ⅰ——中世11世紀から16世紀後半》（岩波書店，二〇一七年）
藤木久志《戦国社会史論——日本中世国家の解体》（東京大學出版會，一九七四年）
藤木久志《新版　雑兵たちの戦場——中世の傭兵と奴隷狩り》（朝日選書，二〇〇五年，初版一九九五年）
藤木久志《戦国の作法——村の紛争解決》（講談社學術文庫，二〇〇八年，初版一九八七年）
本多博之《戦国織豐期の貨幣と石高制》（吉川弘文館，二〇〇六年）

本多博之《天下統一とシルバーラッシュ——銀と戦国の流通革命》（吉川弘文館，二〇一五年）
松岡久人《大内氏の研究》（清文堂出版，二〇一一年）
松原信之《越前朝倉氏の研究》（吉川弘文館，二〇〇八年）
村井章介《世界史のなかの戦国日本》（ちくま學藝文庫，二〇一二年，初版一九九七年）
村井章介《日本中世境界史論》（岩波書店，二〇一三年）
盛本昌廣《軍需物資から見た戦国合戦》（吉川弘文館，二〇二〇年，初版二〇〇八年）
安國良一《日本近世貨幣史の研究》（思文閣出版，二〇一六年）
山內晉次《日宋貿易と「硫黃の道」》（山川出版社，二〇〇九年）
山口博《日本人の給与明細——古典で読み解く物価事情》（角川ソフィア文庫，二〇一五年，初版一九八八年）
脇田修《織田政権の基礎構造》（東京大學出版會，一九七五年）

論文

秋田洋一郎〈十六世紀石見銀山と灰吹法伝達者慶寿禅門——日朝通交の人的ネットワークに関する一試論〉（《ヒストリア》二〇七，二〇〇七年）
荒木和憲〈中世対馬における朝鮮綿布の流通と利用〉（佐伯弘次編《中世の対馬》勉誠出版，二〇一四年）
家永遵嗣〈北条早雲研究の最前線〉（北条早雲史跡活用研究會編《奔る雲のごとく　今よみがえる北条早雲》北条早雲フォーラム實行委員會，二〇〇〇年）
伊川健二〈環シナ海域と中近世の日本〉（《日本史研究》五八三，二〇一一年）
大田由紀夫〈渡来銭と中世の経済〉（荒野泰典、石井正敏、村井章介編《日本の対外関係4——倭寇と「日本国王」》吉川弘文館，二〇一〇年）
神田千里〈伴天連追放令に関する一考察——ルイス・フロイス文書を中心に〉（《東洋大學文學部紀要　史學科篇》三七，二〇一一年）
菊池浩幸〈戦国大名毛利氏と兵糧——戦国大名領国の財政構造の特質〉（《一橋論叢》一二三—六，二〇〇〇年）

岸野久〈「るすん壺」貿易の歴史的役割——教会史料を主として〉（《キリシタン研究》一七，一九七七年）
關周一〈東シナ海と倭寇〉（木村茂光、湯淺治久編《生活と文化の歴史学10——旅と移動　人流と物流の諸相》竹林舍，二〇一八年）
田中浩司〈十六世紀前期の京都真珠庵の帳簿史料からみた金の流通と機能〉（峰岸純夫編《日本中世史の再発見》吉川弘文館，二〇〇三年）
千枝大志〈中世後期の貨幣と流通〉（《岩波講座　日本歷史8——中世3》岩波書店，二〇一四年）
中島樂章〈撰銭の世紀——一四六〇〜一五六〇年代の東アジア銭貨流通〉（《史學研究》二七七，二〇一二年）
中島樂章〈福建ネットワークと豊臣政権〉（《日本史研究》六一〇，二〇一三年）
中島樂章〈十六世紀末の九州——東南アジア貿易　加藤清正のルソン貿易をめぐって〉（山田貴司編著《加藤清正》戎光祥出版，二〇一四年，初出二〇〇九年）
中島圭一〈日本の中世貨幣と国家〉（歷史學研究會編《越境する貨幣》青木書店，一九九九年，初出一九九八年）

中島圭一〈京都における「銀貨」の成立〉（《國立歷史民俗博物館研究報告》一一三，二〇〇四年）
中島圭一〈撰銭再考〉（小野正敏、五味文彥、萩原三雄編《モノとココロの資料学》高志書院，二〇〇五年）
仁木宏〈美濃加納楽市令の再検討〉（《日本史研究》五五七，二〇〇九年）
橋本雄〈撰銭令と列島内外の銭貨流通——「銭の道」古琉球を位置づける試み〉（《出土銭貨》九，一九九八年）
早島大祐〈織田信長の畿内支配——日本近世の黎明〉（柴裕之編著《明智光秀》戎光祥出版，二〇一九年，初出二〇〇九年）
平井上總〈検地と知行制〉（《岩波講座　日本歴史9——中世4》岩波書店，二〇一五年）
平山優〈戦国期における川除普請の技術と人足動員に関する一考察——甲斐国を事例として〉（《武田氏研究》三一，二〇〇五年）
藤井讓治〈織田信長の撰銭令とその歴史的位置〉（《日本史研究》六一四，二〇一三年）

藤井讓治〈近世貨幣論〉（《岩波講座　日本歷史11——近世2》岩波書店，二〇一四年）
村井祐樹〈史料紹介・東京大学史料編纂所所蔵《中務大輔家久公御上京日記》〉（《東京大學史料編纂所研究紀要》一六，二〇〇六年）
渡邊基〈豐臣氏の呂宋壺貿易について〉（《史學》二一—二，一九四三年）

史料

《愛知県史》史料編一〇、一一（愛知縣）
《浅野家文書》（大日本古文書　家わけ第二，東京大學出版會）
《イエズス会日本書翰集》（日本関係海外史料，東京大學出版會）
《蔭涼軒日錄》（增補續史料大成，臨川書店）
《大分県史料》（大分縣史料刊行會）↑「永弘文書」
《御湯殿上日記》（續群書類從補遺三，八木書店）
《兼見卿記》（史料纂集，八木書店）
《小早川家文書》（大日本古文書　家わけ第十一，東京大學出版會）

《堺市史》續編五（堺市）↑「今井文書」
《實隆公記》（續群書類從完成會，八木書店）
《大乘院寺社雜事記》（臨川書店）
《大日本史料》第十編之一（東京大學出版會）↓「鎌倉將軍以來宣下文書」、「言繼卿記別記」、「法隆寺文書」
《伊達家文書》（大日本古文書　家わけ第三，東京大學出版會）
《言繼卿記》（續群書類從完成會，八木書店）
《福井県史》資料編三、資料編九（福井県）↑「橘榮一郎家文書」、「組屋文書」
《三重県史》資料編中世1上（三重県）↑「外宮引付」
《毛利家文書》（大日本古文書　家わけ第八，東京大學出版會）
《柳川市史》史料編V・近世文書前編（柳川市）↑「立花文書」
《山梨県史》資料編6・中世3上（山梨県）↑「勝山記」
賀茂別雷神社藏〈賀茂別雷神社文書〉（東京大學史料編纂所架藏寫真帳）
仙台市博物館藏〈御段銭古帳〉（收於《伊達家文書》內，東京大學史料編纂所架藏寫真帳）

天龍寺妙智院藏〈渡唐方進貢物諸色注文〉（東京大學史料編纂所架藏謄寫本）
〈朝鮮王朝実録データベース〉http://sillok.history.go.kr
赤松俊秀編《教王護國寺王書》（平樂寺書店）
耶穌會編、村上直次郎譯、柳谷武夫編輯《イエズス会士日本通信》（雄松堂書店）
奥野高廣《増訂　織田信長文書の研究》上、下（吉川弘文館，一九八八年，初版一九六九）
奥野高廣、岩澤愿彥校注《信長公記》（角川ソフィア文庫）
久保田昌希、大石泰史編《戦国遺文　今川氏編》（東京堂出版）
近藤瓶城編《續史籍集覽》第一冊（近藤出版部）↑「戊子入明記」
佐藤進一、池內義資編《中世法制資料集》第二卷（岩波書店）↑「室町幕府法・追加法」
佐藤進一、百瀬今朝雄編《中世法制資料集》第五卷（岩波書店）
佐脇榮智校注《戦国遺文後北条氏編別卷——小田原　所領役帳》（東京堂出版）
柴辻俊六、黑田基樹等編《戦国遺文　武田氏編》（東京堂出版）
杉山博、下山治久編《戦国遺文　後北条氏編》（東京堂出版）

仲村研編《今堀日吉神社文書集成》（雄山閣出版）
名古屋市博物館編《豐臣秀吉文書集》一～四（吉川弘文館）
萩原龍夫校注《北条史料集》（人物往來社）→「北条五代記」
塙保己一編《群書類從》二〇（續群書類從完成會）→「細川両家記」
檜谷昭彥・江本裕校注《新日本古典文學大系60太閤記》（岩波書店）
モルガ（神吉敬三譯、箭內健次校注）《フィリピン諸島誌》（岩波書店）
山口縣文書館編《萩藩閥閱錄》（山口縣文書館）
和田秀作編《戦国遺文　大内氏編》（東京堂出版）

戰國大名經濟學
戦国大名の経済学

作　　者　川戸貴史
譯　　者　鄭天恩
副總編輯　黃少璋
封面設計　張巖
排　　版　宸遠彩藝工作室

出　　版　惑星文化／遠足文化事業股份有限公司
發　　行　遠足文化事業股份有限公司（讀書共和國出版集團）
地　　址　231 新北市新店區民權路 108 之 2 號 9 樓
郵撥帳號　19504465 遠足文化事業股份有限公司
電　　話　(02)2218-1417
信　　箱　service@bookrep.com.tw

法律顧問　華洋法律事務所　蘇文生律師
印　　製　成陽印刷股份有限公司
出版日期　2023 年 10 月初版一刷
定　　價　380 元
I S B N　9786269707980

《SENGOKU DAIMYOU NO KEIZAI GAKU》

國家圖書館出版品預行編目

戰國大名經濟學 / 川戸貴史著 ; 鄭天恩譯 . -- 初版 . -- 新北市 :
惑星文化 , 遠足文化事業股份有限公司 , 2023.09
面 ;　公分
譯自 : 戦国大名の経済学

ISBN 978-626-97079-8-0(平裝). --

1. CST: 戰國時代　2. CST: 經濟史　3. CST: 日本史

550.931　　112014191